next age
ashram

Redazione: Martine Radomski
Progetto grafico: Cinzia Chiari
Impaginazione: AP& Full

I testi sono stati parzialmente tratti dal volume *Chakra*, Giunti, 2006.

Si ringrazia Diego Luci per aver gentilmente concesso l'immagine di p. 49.
www.diegoluci.it

www.giunti.it

Via Bolognese 165 - 50139 Firenze - Italia
Piazza Virgilio 4 - 20123 Milano - Italia
Prima edizione: aprile 2006
Terza ristampa: marzo 2016

Stampato presso Lito Terrazzi srl, stabilimento di Iolo

FABIO NOCENTINI

Chakra

le sette porte dell'energia

GIUNTI DEMETRA

sommario

I CHAKRA E L'ENERGIA

SCHEDE DEI RIMEDI

Un problema
sorge solamente
quando la vita
è vista in modo
frammentario.
Vedetene
la bellezza.

Jiddu Krishnamurti

i chakra e l'energia

Il campo energetico dell'uomo

Il corpo fisico è circondato da un campo energetico strutturato su sette livelli, che viene comunemente chiamato aura. Il corpo fisico e l'aura, strettamente collegati, interagiscono tra loro attraverso i chakra.

Secondo l'antica cultura induista, tutti gli esseri hanno un campo energetico che circonda e avvolge il corpo fisico. Nell'uomo e negli animali i punti di comunicazione di tale campo energetico con il corpo fisico furono chiamati chakra, termine sanscrito che significa "ruota": le varie scuole di yoga cercarono di conoscerli, descriverli e darne definizioni simboliche. Con la diffusione delle conoscenze orientali in Occidente e con la riscoperta del legame indissolubile tra l'uomo e la natura, i chakra e il campo energetico umano sono stati negli ultimi decenni oggetto di studi accurati anche nella nostra società, allo scopo di comprendere l'essere umano nella sua interezza, al di là del riduttivo modello materialista imposto dalle dottrine illuministiche e dalla medicina ufficiale.

L'energia vitale non è una caratteristica esclusiva della materia, anzi: secondo il pensiero olistico l'energia precede la materia e la crea, quindi sia il corpo fisico sia tutto ciò che appare ai nostri sensi come qualcosa di materiale rappresenta l'ultimo stadio, il più denso, di un processo di generazione che è iniziato in precedenza. L'universo respira: anche le più recenti ipotesi dell'astrofisica sembrano riconoscere che l'universo si contrae e si espande ritmicamente, come avviene durante la respirazione, mentre la fisica subatomica ha da tempo dimostrato che materia ed energia sono due aspetti dello stesso fenomeno. A ogni contrazione ed espansione dell'universo si libera energia, che tende poi a condensarsi in materia, dando luogo alle stelle, ai pianeti, ai minerali, all'acqua, alle piante, agli animali e all'uomo.

Per prenderci cura del nostro organismo nella sua totalità è dunque necessario considerare non solo il corpo fisico, ma anche il campo energetico a esso collegato, che viene comunemente chiamato aura. Una delle più grandi sensitive e terapeute dell'epoca contemporanea, Barbara Ann Brennan, nel suo libro *Mani di luce* definisce il campo energetico umano come "la manifestazione dell'energia universale intimamente connessa con la vita dell'uomo". Il campo energetico umano, l'aura, ha il compito di attingere e metabolizzare energia attingendola dal campo energetico universale. Nella saggezza delle grandi culture millenarie non occidentali – come l'indiana, la cinese, l'egizia e le civiltà precolombiane – il campo energetico universale fu indagato fin dai tempi più remoti e definito in modi diversi (prana in India, qi in Cina, con altre parole altrove), e si comprese che qualsiasi cambiamento che avviene a livello della materia è preceduto da un cambiamento osservabile nel campo universale: l'energia viene incessantemente trasformata in materia, ma anche la materia a sua volta si riconverte in energia. Così, anche oggi, i sensitivi capaci di visualizzare i campi energetici e gli studiosi occidentali che si sono dedicati a questo argomento hanno appurato che l'aura è formata da sette strati o livelli, ciascuno dei quali corrisponde a uno dei sette chakra maggiori. Questi ultimi sono centri

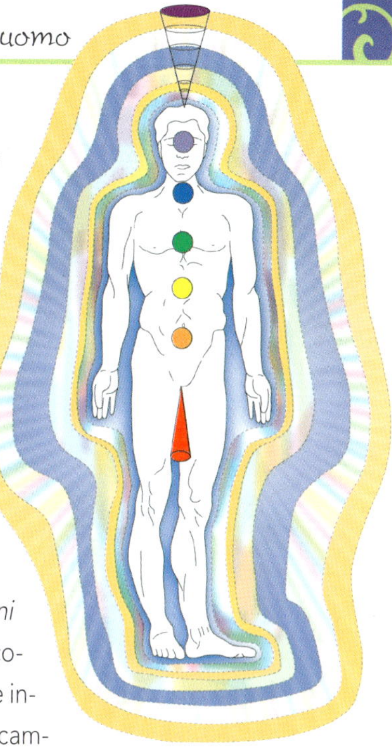

I sette livelli dell'aura

in forma di vortice, somiglianti a mulinelli di energia, incaricati di gestire il fluido vitale proveniente dal campo energetico universale e di trasmetterlo ai vari livelli dell'aura e al corpo fisico.

I sette chakra principali si formano nei punti dell'aura dove le linee di energia si intersecano ventuno volte; oltre a questi, vi sono ventuno chakra minori, che si formano nei punti dell'aura dove i flussi di energia si incrociano quattordici volte. Altri chakra, di dimensioni ancora più piccole, sono collocati nei punti in cui i flussi si intersecano sette volte, e così via secondo una scala decrescente, fenomeno che ci induce a considerare i punti dell'agopuntura come chakra di dimensioni minuscole.

Ognuno dei sette chakra maggiori è connesso al corrispondente strato dell'aura, cioè al corpo sottile che vibra con esso: il 1° chakra lavora in sintonia con il corpo eterico, il 2° chakra con il corpo emotivo, il 3° chakra con il corpo mentale, e via dicendo. Per ogni strato dell'aura i sensitivi rilevano la presenza di sette chakra: ciascuno di questi vortici appare come un cono inserito dentro il precedente e caratterizzato da una frequenza vibrazionale mano a mano più alta.

I sette livelli dell'aura, o corpi sottili, si compenetrano gli uni con gli altri e si estendono al di là del corpo fisico; la sostanza che li costituisce diventa sempre più rarefatta procedendo a partire dal primo strato per arrivare al settimo, il che indica la presenza di vibrazioni dalle frequenze sempre più alte. I corpi sottili, oltre che per la frequenza di vibrazione, si differenziano quanto a funzioni, caratteristiche, forma, colori: la loro struttura rivela un dualismo che si esprime in relazione alla maggiore o minore fluidità delle vibrazioni energetiche. I corpi sottili di numero dispari (1°, 3°, 5°, 7°) sembrano più stabili e ben definiti nei loro contorni, mentre i corpi sottili di numero pari (2°, 4°, 6°) appaiono come fluidi in movimento, che non hanno una forma definita ma vengono condizionati, per quanto riguarda la forma, dai corpi di numero dispari.

I sette livelli dell'aura

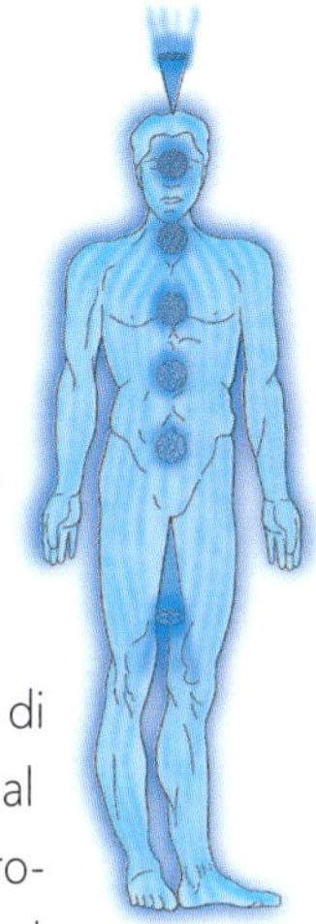

1° LIVELLO DELL'AURA. CORPO ETERICO

6500-13.500 UB

Intervallo di 3-4 cm rispetto al corpo fisico.

Ampiezza del corpo eterico: circa 3-4 cm.

Risuona in particolare con il 1° chakra. L'etere è lo stato intermedio fra materia ed energia: questo primo strato è un doppione del corpo fisico e lo riproduce fedelmente, anche per quanto riguarda gli organi interni e tutte le parti anatomiche. Appare come un insieme di linee di luce scintillanti, il cui colore può variare dall'azzurro pallido al grigio: in persone delicate e sensibili, il corpo eterico assume più propriamente i toni dell'azzurro, mentre in individui robusti e atletici rivela una colorazione grigia. Il corpo eterico dà la struttura al corpo fisico e riflette tutti i processi fisiologici che avvengono in quest'ultimo; dato che funge da supporto della conformazione fisica dell'individuo, il 1° livello dell'aura contiene tutte le informazioni sulla realtà materiale propria di quell'individuo. I trattamenti su questo livello agiscono su disturbi di lieve entità, soprattutto su squilibri fisiologici e funzionali. I chakra di questo corpo sottile sono tutti di un colore che va dall'azzurro pallido al grigio.

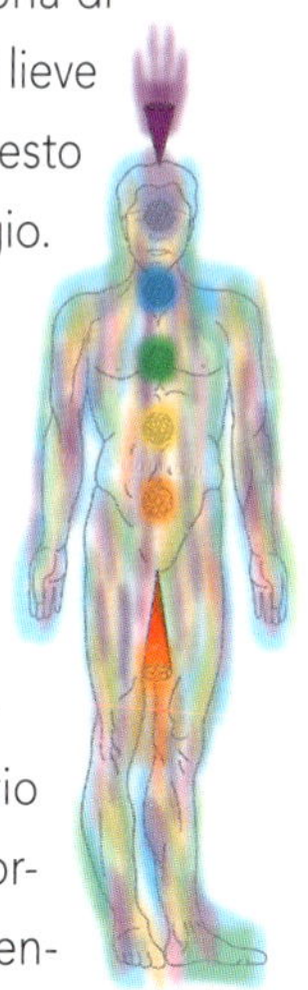

2° LIVELLO DELL'AURA. CORPO EMOTIVO

13.500-21.500 UB

Intervallo di 4-8 cm rispetto al corpo fisico.

Ampiezza del corpo emotivo: circa 4 cm.

Risuona in particolare con il 2° chakra. Riguarda emozioni, sensazioni, sentimenti, paure e capacità di provare piacere. Al contrario del corpo eterico, il corpo emotivo non riproduce fedelmente il corpo fisico, ma è costituito da addensamenti fluidi di colori in movimento. Le tinte che vi si osservano comprendono tutti e sette i colori dell'iride, e variano da scure a brillanti in relazione alle emozioni del soggetto, alla sua chiarezza nei sentimenti o al grado di confusione che lo caratterizza. I sette chakra di questo livello dell'aura hanno, nell'ordine, i colori propri di ciascun vortice, come specificato più avanti. Analogamente al 2° chakra, questo corpo registra le informazioni del lato emotivo della personalità. Si formano in questa sede tutti gli squilibri che hanno a che fare con le emozioni.

3° LIVELLO DELL'AURA. CORPO MENTALE

21.500-30.500 UB

Intervallo di 8-14 cm rispetto al corpo fisico.

Ampiezza del corpo mentale: circa 6 cm.

Risuona in particolare con il 3° chakra. Poiché questo livello riguarda le attività intellettuali e le funzioni mentali, il suo colore dominante è il giallo in varie tonalità. Nel caso di un soggetto impegnato in occupazioni mentali, il giallo si accentua in corrispondenza della testa e delle spalle. I pensieri di qualsiasi tipo che condizionano l'individuo sono rilevabili dall'analisi di questo corpo, nel quale si riversano anche altri addensamenti di colore provenienti dal corpo emotivo: tali addensamenti rappresentano le emozioni connesse con idee e pensieri specifici. Se un'idea è chiara e ben delineata, i colori delle emozioni a essa associati saranno vivaci e luminosi, altrimenti si noteranno tinte opache e scure. Le disarmonie energetiche presenti in questo livello sono collegate alla mente razionale e ai pensieri coscienti. I chakra di questo corpo sottile sono tutti di colore giallo.

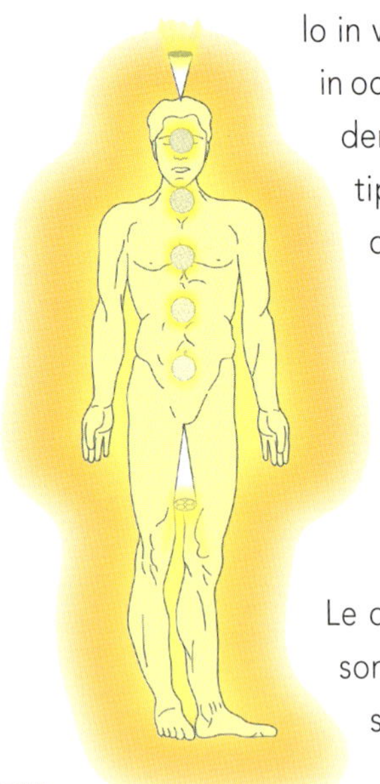

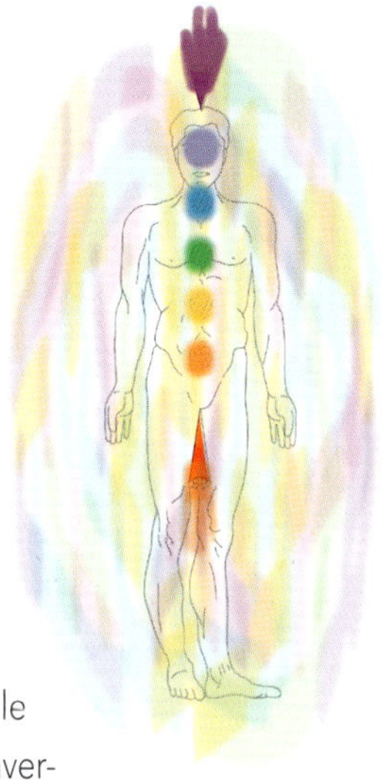

4° LIVELLO DELL'AURA. CORPO ASTRALE

30.500-40.500 UB

Intervallo di 14-28 cm rispetto al corpo fisico.

Ampiezza del corpo astrale: circa 14 cm.

Risuona in particolare con il 4° chakra. Anche questo livello si distingue per la presenza di colori, generalmente più intensi e splendenti di quelli del corpo emotivo, spesso attraversati da bagliori verdi e rosa. Nel corpo astrale si osserva lo scambio energetico tra le persone: se due soggetti sono profondamente uniti da un rapporto d'amore, i loro corpi astrali appaiono collegati da flussi energetici sotto forma di cordoni dalla tinta rosata. Infatti questo corpo riguarda tutte le esperienze di tipo affettivo da cui l'individuo può venire attraversato: se il cuore è chiuso nel risentimento, nell'odio e in simili atteggiamenti negativi, i colori del corpo astrale saranno scuri, spenti, privi delle sfumature di verde e rosa. Quando una relazione sentimentale o un'amicizia si spezza, i flussi energetici che collegano le aure delle due persone si interrompono più o meno contemporaneamente. È necessario operare su questo corpo per correggere gli squilibri legati all'amore e all'affettività, alla gioia (o alla mancanza di gioia) nell'affrontare le situazioni di vita. I chakra di questo corpo sottile hanno ciascuno un colore differente, come vedremo in seguito.

5° LIVELLO DELL'AURA. CORPO ETERICO MATRICE

40.500-51.500 UB

Intervallo di 28-48 cm rispetto al corpo fisico.

Ampiezza del corpo eterico matrice: circa 20 cm.

Risuona in particolare con il 5° chakra. Questo corpo viene chiamato *matrice* poiché riflette tutto ciò che esiste nell'individuo sul piano fisico,

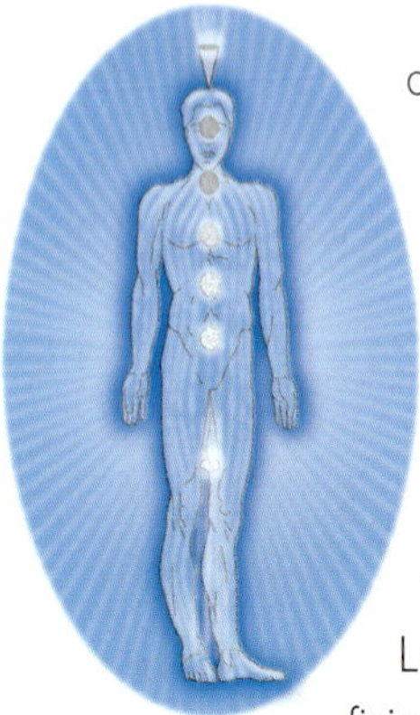

come se fosse un modello, una specie di negativo fotografico. Esso contiene la configurazione originaria del corpo eterico: se quest'ultimo si altera a causa di un trauma o di una malattia, è possibile agire sul corpo eterico matrice per sostenere il processo di rigenerazione.

Rappresenta l'archivio della nostra esistenza. Le forme e le strutture che appaiono nel 5° livello dell'aura sono costituite da linee trasparenti su uno sfondo di colore blu cobalto. Le patologie profonde, degenerative, che affliggono il corpo fisico, insieme ai problemi di comunicazione e di espressione di sé hanno spesso come radice squilibri energetici presenti in questo livello. I chakra di questo corpo sottile sono tutti di colore blu cobalto.

6° LIVELLO DELL'AURA. CORPO CELESTIALE

51.500-63.500 UB

Intervallo di 48-74 cm rispetto al corpo fisico.

Ampiezza del corpo celestiale: circa 26 cm.

Risuona in particolare con il 6° chakra. Ci si riferisce di solito al corpo celestiale come a un corpo emotivo trasposto sul livello spirituale. È percepibile come un insieme di tinte delicate, molto luminose e attraversate da raggi argentei, dorati e madreperlacei. Mediante le qualità di questo livello dell'aura sono possibili le pratiche di meditazione che conducono all'elevazione della coscienza individuale.

Esso contiene tutte quelle verità di cui ciascuno di noi è alla ricerca, e come tale rappresenta la dimensione in cui ottenere l'accrescimento della conoscenza. Inoltre, similmente al 6° chakra, il corpo celestiale può essere interessato da interventi che non necessitano della vicinanza fisica di due soggetti, come la telepatia e la guarigione a distanza. Tra le esperienze che vengono riflesse da questo corpo troviamo anche le forme di misticismo volte a condurre l'uomo all'estasi spirituale. Si deve operare su questo livello nel caso di gravi problemi mentali, incapacità di vedere correttamente la realtà, eccesso di razionalità. I chakra di questo corpo sottile hanno colori molto delicati e luminosi, variabili dall'argento al dorato, al madreperlaceo.

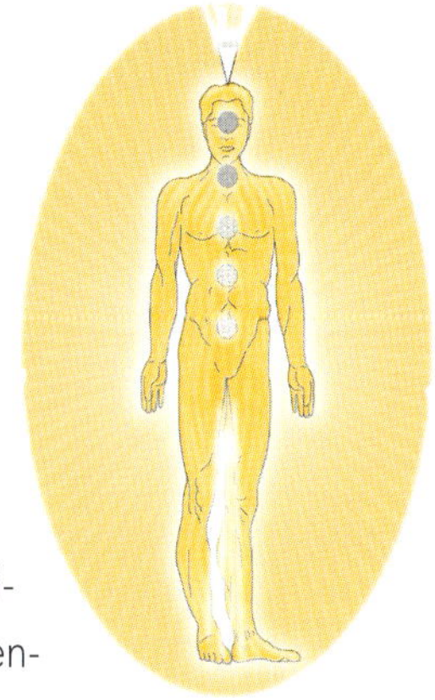

7° LIVELLO DELL'AURA. CORPO CAUSALE

63.500-76.500 UB

Intervallo di 74-104 cm rispetto al corpo fisico.
Ampiezza del corpo causale: circa 30 cm.

Risuona in particolare con il 7° chakra. Viene chiamato anche corpo ketherico, termine che deriva dall'ebraico *kether*, cioè "corona". Rappresenta il livello mentale del piano spirituale: attraverso questo corpo sperimentiamo la trascendenza e l'unione con l'Assoluto.

È un campo di energia dalle vibrazioni estremamente alte: la fascia esterna, a forma di guscio d'uovo, contiene informazioni sulle vite precedenti, mentre la zona sottostante, inglobando gli strati dell'aura dal 1° al 6°, si riferisce all'incarnazione attuale. Il colore dominante è l'oro: esso appare sia in filamenti minuscoli, che racchiudono i livelli precedenti dell'aura come in una rete, sia come tonalità di luce dorata legate ai chakra e alle conformazioni del corpo fisico. Il 7° è il livello che sembra dotato di maggiore resistenza; vi è inscritto il programma dell'incarnazione presente, inoltre serve da ponte per la comunicazione con gli spiriti guida. Poiché questo corpo è collegato al karma, risulta piuttosto difficile influenzarlo terapeuticamente. I chakra di questo corpo sottile sono tutti di colore oro.

I primi tre corpi fanno parte del piano fisico, in quanto metabolizzano le energie collegate alla materia, alla fisicità; il corpo astrale, fungendo da cerniera di passaggio tra piano fisico e piano spirituale, rappresenta la zona dell'aura dove le energie di tipo materiale vengono trasformate

LA MISURAZIONE DEI LIVELLI DELL'AURA IN UNITÀ BOVIS

Il *biometro Bovis*, creato dal fisico francese Alfred Bovis (1871-1947), è una scala di misurazione dell'irradiazione energetica utilizzata in radiestesia per individuare, per esempio, l'intensità delle radiazioni terrestri nell'ambiente o nel punto che si vuole esaminare, la radiazione vitale degli esseri viventi, l'energia dell'acqua, dei cibi, dei rimedi e degli oggetti. L'intensità delle radiazioni viene espressa in Unità Bovis (ogni UB corrisponde a un ångstrom, unità di misura della lunghezza d'onda usata in fisica). Le letture sul biometro si effettuano mediante il pendolino: è stato così possibile risalire alle vibrazioni caratteristiche di ciascun livello dell'aura, come riportate in precedenza. Dire che il corpo astrale è compreso tra 30.500 e 40.500 UB significa che, in tutte le persone, uomini e donne senza distinzioni, per intervenire su quel livello dell'aura bisogna manipolare e gestire energie che si situano in tale intervallo.
La scala Bovis parte da 6.500 UB per indicare il valore neutro (irradiazioni inferiori rappresentano qualcosa di indebolito, o di negativo), e può arrivare a valori altissimi. Non c'è un limite: non sappiamo infatti quali tipi di energie possono esistere nell'universo, o in altre dimensioni. Nel caso di un ambiente, un alimento, l'acqua da bere o qualcosa da indossare è bene stare tra 6.500 e 10.000 UB per beneficiare di radiazioni positive per la salute; salendo incontriamo livelli energetici che corrispondono all'aura, ma ciò non significa che tali intensità siano positive per la vita quotidiana. Per esempio, i rimedi omeopatici e vibrazionali danno sempre letture superiori a 13.500 UB: ciò è logico perché si tratta di prodotti creati a fini terapeutici, mentre quando si parla di cibo o di una stanza dove dormire è bene che i valori siano più bassi.

in energie di tipo spirituale; infine, il compito dei corpi 5°, 6° e 7° è quello di gestire la vita spirituale dell'individuo. I livelli aurici dal 4° al 7° si collocano al di là del mondo fisico, e come tali riguardano altri stati di realtà: sintonizzandosi su questi livelli possono essere percepite varie entità prive di corpo fisico, come per esempio gli spiriti guida. Come abbiamo detto, i chakra fungono da trasmettitori di energia fra i diversi livelli dell'aura e distribuiscono l'energia del campo energetico universale al corpo fisico servendosi anche del sistema endocrino: a ciascun vortice è dunque associata una ghiandola endocrina. Ogni vortice si distingue inoltre per un preciso colore e per altre caratteristiche che verranno precisate più avanti. Ciascun chakra esplica funzioni ben definite e possiede qualità che gli sono proprie: dunque, attraverso l'analisi dei singoli vortici si ottengono informazioni sulle aree psicologiche, caratteriali, comportamentali del soggetto. I vortici dal 2° al 6° compresi sono doppi, intendendo con ciò che essi sono presenti sia sulla parte anteriore del corpo sia sulla parte posteriore; i vortici 1° e 7°, in quanto estremità della colonna centrale che indirizza il flusso energetico verso l'alto, sono invece singoli.

Il 4° chakra funge da ponte, da elemento di congiunzione fra i tre chakra inferiori e i tre superiori, ed è collegato con ciascuno di essi; inoltre, essendo il centro energetico del cuore, assume un'importanza speciale. Ciascuno dei tre vortici inferiori è collegato a uno dei vortici superiori (il 1° chakra è collegato al 5°; il 2° è collegato al 6°, il 3° al 7°), pertanto per studiarne le disarmonie è bene tenere sempre in considerazione anche il chakra corrispondente.

I chakra anteriori si riferiscono a comportamenti, situazioni e forme di conoscenza di tipo attivo, maschile, yang (anche se i chakra anteriori di numero pari si caratterizzano per la presenza di sfumature passive, femminili, yin), e come tali riguardano il Sé cosciente. Essi controllano principalmente problematiche coscienti, di tipo razionale, esperibili in maniera diretta: le realtà quotidiane, la vita attuale e le decisioni da prendere, i bisogni e le esperienze che conosciamo, la necessità di relazionarsi con il mondo agendo in maniera diversa per risolvere i problemi concreti. Il pensiero lineare e tutto ciò che ha un influsso immediato sul soggetto, sia che si tratti di ricordi, sensazioni, esigenze emotive o situa-

YIN E YANG

Secondo il pensiero cinese yin e yang sono le due forze, opposte e complementari, attraverso le quali si esprime la polarità dell'universo. L'interazione tra yin e yang dà luogo a tutti i fenomeni possibili, cosicché la qualità di qualunque forma di energia viene studiata in relazione allo yin e allo yang. La complementarietà yin-yang è illustrata in maniera simbolica nell'antico simbolo cinese chiamato Ruota del Tao, o Tai Ji. Poiché il massimo dello yang si trasforma in yin e viceversa, non possono esistere lo yang assoluto e lo yin assoluto: si può solo parlare, in modo relativo, di prevalenza di yang o di yin. Un movimento di contrazione – che tende pertanto verso il centro – presenta una forza dominante yang; la contrazione produce densità, attività, calore, peso, velocità e via dicendo. Al contrario, un movimento di espansione – cioè dal centro verso l'esterno – si caratterizza per una forza dominante yin; questa espansione genererà una densità minore, attività e velocità ridotte, leggerezza e fenomeni analoghi. Ai limiti di questi movimenti, yin e yang si trasformano l'uno nell'altro: la contrazione tende perciò a divenire espansione e viceversa.

YIN	YANG
Espansione	Contrazione
Spazio	Tempo
Acqua	Fuoco
Zucchero	Sale
Freddo	Caldo
Leggero	Pesante
Scuro	Chiaro
Passivo, negativo	Attivo, positivo
Donna	Uomo

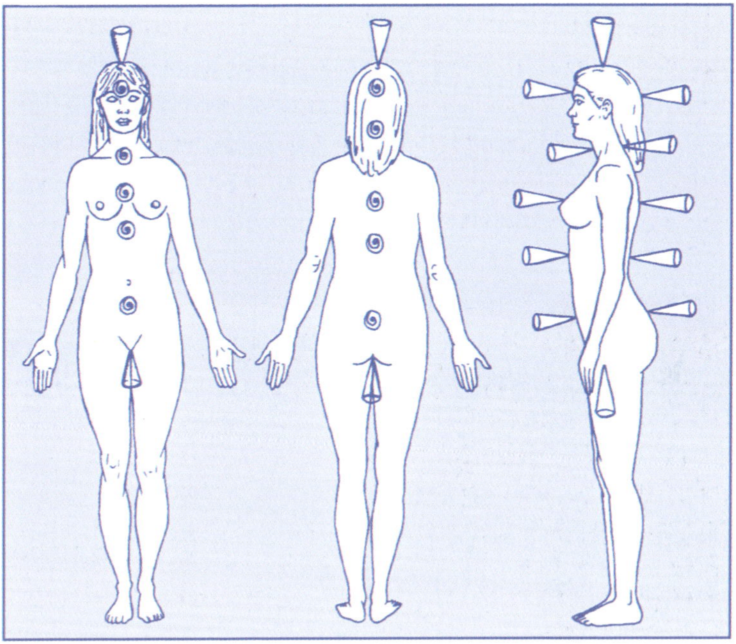

I sette chakra maggiori: vista anteriore, vista posteriore, vista di profilo.

zioni di cui la persona è consapevole e che vengono vissute in maniera problematica deve essere affrontato attraverso i chakra anteriori. I chakra posteriori si riferiscono a energie di tipo passivo, femminile, yin (anche se i chakra posteriori di numero dispari si caratterizzano per la presenza di sfumature attive, maschili, yang), pertanto riguardano il Sé inconscio. Questi vortici riflettono l'esperienza indiretta e irrazionale, controllano il mondo dell'intuizione, dell'ispirazione, della dilatazione della coscienza; risuonano con le realtà estese, con le difficoltà di tipo inconscio, con il pensiero analogico, con tutto ciò che non è tangibile e direttamente esperibile in termini di razionalità. Rappresentano il legame con la parte occulta e rimossa della personalità, con la "zona d'ombra", con le vite

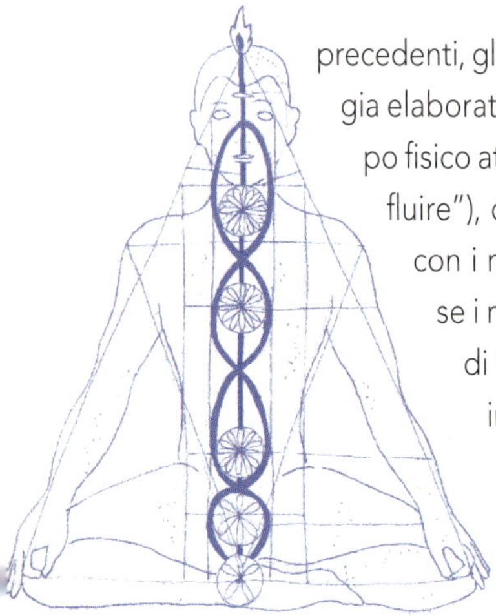

I chakra e i canali energetici.

precedenti, gli spiriti guida, le entità soprannaturali. I flussi di energia elaborati dai chakra vengono convogliati nell'aura e nel corpo fisico attraverso i nadi (dalla radice sanscrita nad, "scorrere, fluire"), canali energetici che presentano qualche analogia con i meridiani della medicina tradizionale cinese, anche se i nadi sono molto più numerosi e formano una specie di "apparato circolatorio sottile". Secondo le dottrine indiane, tra cui in particolare lo yoga, il sistema energetico umano è costituito da 72000 nadi: i più importanti sono ida, pingala e sushumna. Questi tre canali verticali hanno origine nel 1° dei sette chakra maggiori: ida e pingala seguono un movimento sinusoidale ai lati di sushumna – che invece ha un andamento rettilineo – intrecciandosi in corrispondenza di ciascuno dei chakra principali. Ida è di valenza femminile, yin, e controlla tutti i processi mentali, mentre pingala è di valenza maschile, yang, e come tale si riferisce ai processi vitali, dinamici e fisiologici. Oltre ai sette chakra maggiori vi sono ventuno chakra minori, e altri ancora, di dimensioni via via più piccole. Ai sette centri energetici principali viene riconosciuto un grande valore in tutte le terapie energetiche; tuttavia, anche i ventuno chakra minori permettono di indirizzare convenientemente i flussi terapeutici, cosicché alcuni tra questi possono essere oggetto di trattamento. Partendo dal basso verso l'alto, essi sono: i due chakra delle piante dei piedi, i due chakra delle ginocchia, i due chakra delle mani, i due chakra delle gonadi (testicoli e ovaie), il chakra del fegato, il chakra dello stomaco, il doppio chakra della milza-pancreas, il chakra minore del plesso solare, i due chakra dei seni, il chakra minore del timo, il chakra situato sullo sterno nel punto di congiunzione delle clavicole, i due chakra delle orecchie e i due chakra degli occhi. Solo i chakra situati sotto ai piedi e i chakra delle orecchie sono singoli; gli altri hanno l'aspetto anteriore e l'aspetto posteriore come i vortici maggiori. Riguardo al chakra minore del plesso solare, questo è spostato un po' sopra, verso i seni, rispetto al 3° chakra principale, che pure si colloca nella regione del plesso solare; il chakra del timo è invece un chakra a parte collegato alla ghiandola endocrina, anche se quest'ultima nel suo complesso è in relazione con il 4° chakra principale.

Lo studio dei chakra e del campo energetico umano ci rimanda alla grande verità conosciuta da sempre dalle culture millenarie non occidentali e dalla tradizione esoterica occidentale: l'uomo non è costituito soltanto di quella parte materiale che possiamo vedere e toccare con i nostri sensi limitati, ma anche di un piano emotivo-mentale e di un piano spirituale. Questi ultimi due concetti possono essere assimilati in qualche modo all'aura la quale, essendo direttamente collegata al corpo fisico, ci fa riflettere sul fatto che la divisione dell'organismo in sezioni distinte non ha senso: tutto interagisce continuamente con tutto, non è possibile separare il piano fisico dagli altri piani, né si può estrapolare un singolo organo dal corpo e trattarlo come se esistesse a sé, come se non fosse collegato a tutto il resto.

La triplice ripartizione corpo-mente-spirito acquista un significato profondo solo se ci rendiamo conto che questi tre elementi in realtà non sono separati, ma si influenzano a vicenda. La visione olistica del mondo insegna a conoscere l'uomo e la natura nella loro totalità e nei loro rapporti reciproci, senza effettuare quelle scissioni tanto care al pensiero scientifico: scissioni che generano una conoscenza grossolana e approssimativa della realtà.

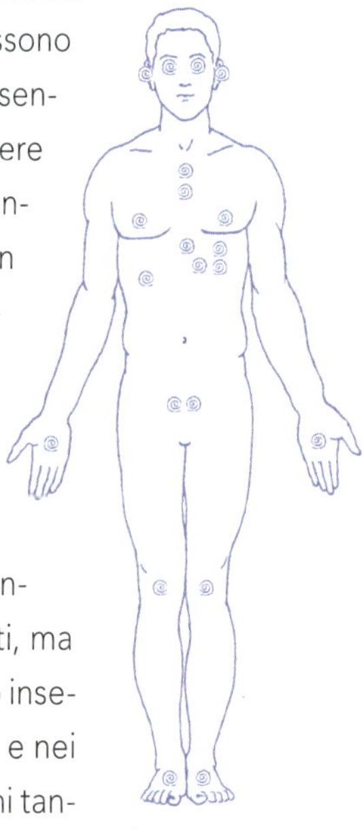

I ventuno chakra minori.

Schede dei sette chakra maggiori

I sette chakra sono veri e propri vortici energetici che, secondo l'antica tradizione induista, si collegano a un insieme di caratteristiche, funzioni e attributi. Studiandone la condizione è possibile risalire alle problematiche di ogni persona.

Primo chakra

Plesso radicale

❖ **Nome sanscrito** Muladhara ("radice, base").

❖ **Elemento** terra.

❖ **Tipo di energia** energia fisica.

❖ **Suono** il mantra Lam e la nota musicale do.

❖ **Animale simbolico** toro.

❖ **Metallo** ferro.

❖ **Colore** rosso, rosso scuro. Colori complementari: nero, grigio, marrone.

❖ **Parole e frasi chiave** "Io esisto". Sorgente dell'energia vitale. Sopravvivenza, radicamento, autoaffermazione, attaccamento alla vita, volontà di vivere nella realtà fisica. Senso della posizione e del movimento del proprio corpo nello spazio. Regno degli istinti primari. Conservazione, tradizione. Nazionalismo, conflitti etnici. Secondo il pensiero orientale in questo chakra ha sede l'energia kundalini. È collegato al 5° chakra.

❖ **Organi fisici collegati** ano, retto, ultimo tratto dell'intestino, arti inferiori, reni, colonna vertebrale all'altezza del sacro e del coccige. Corrispondenza con sangue e apparato circolatorio.

❖ **Ghiandola endocrina** ghiandole surrenali.

❖ **Correlazioni fisiche** stanchezza, mancanza di forza fisica, sindrome da affaticamento cronico, debolezza alle gambe. Scarsa energia sessuale. Problemi intestinali. Emorroidi. Sensazione di vuoto ai reni. Anoressia.
❖ **Correlazioni psico-emotive** incapacità di imporsi, scarsa voglia di vivere, mancanza di coraggio. Difficoltà di prendere decisioni per paura di non farcela. Problemi relativi al denaro (avarizia o eccessiva prodigalità). Incapacità di essere concreti, difficoltà di stare con i piedi per terra. Questo chakra controlla una sessualità di tipo maschile, aggressiva, terrena e materiale, intesa come soddisfacimento di una brama.
❖ **Posizione sul corpo fisico** zona del perineo. Per l'applicazione dei rimedi il chakra può essere raggiunto dagli inguini. Per trattare il 1° vortice occorrono due cristalli uguali da porre sugli inguini (uno su ciascun inguine); altrimenti una sola pietra verrà posta in mezzo alle gambe, in prossimità del perineo, su un supporto di materiale naturale. Il tampone con l'olio essenziale viene di preferenza collocato in mezzo alle gambe.
❖ **Caratteristiche** il 1° chakra è un vortice unico, rivolto verso la Terra: non ha dunque gli aspetti anteriore e posteriore che caratterizzano i chakra dal 2° al 6° compresi. Attraverso questo centro energetico l'energia proveniente dalla Madre Terra viene canalizzata e distribuita nell'aura, per poi produrre effetti nel corpo fisico. Esso governa la presenza fisica e il movimento del corpo, la percezione delle impressioni tattili, le sensazioni cinestetiche (equilibrio e squilibrio corporeo, brividi, piacere o dolore fisico). Se questo vortice è disarmonico, ciò significa che subisce l'influsso della Terra in maniera eccessiva oppure carente: nel primo caso l'individuo tende a rimanere troppo ancorato alle proprie posizioni e gli rimane difficile evolversi nello spazio e nel tempo; nel secondo caso sarà privo di senso pratico, sposterà l'energia fisica sui piani più alti, esercitando uno scarso controllo sulla propria fisicità e mostrandosi deficitario in termini di realismo e concretezza.

❖ **Cristalli** agata di fuoco, eliotropio, granato piropo, mookaite, quarzo ialino con tormalina nera, rubino, tormalina nera.

❖ **Oli essenziali** benzoino, cannella foglie, incenso, legno di rosa, muschio di quercia, patchouli, rosmarino, sandalo legno.

❖ **Fiori di Bach** Beech, Gentian, Gorse, Hornbeam, Mimulus, Pine, Rock Water, Sweet Chestnut, Walnut, Wild Oat, Willow.

Secondo chakra

Plesso sacrale

❖ **Nome sanscrito** Svadhisthana ("collocato nel suo proprio posto", ma anche "dolcezza" e "dimora").

❖ **Elemento** acqua.

❖ **Tipo di energia** energia sessuale.

❖ **Suono** il mantra Vam e la nota musicale re.

❖ **Animale simbolico** pesce.

❖ **Metallo** rame.

❖ **Colore** arancione. Colore complementare: bianco latte.

❖ **Parole e frasi chiave** "Io sento". Emozioni, sensazioni, capacità di percepire. Paure di vario tipo. Dare e ricevere, carico e scarico, capacità di assorbire. Sensibilità. Raffinatezza estetica, gusto, creatività artistica. Piacere. Scambio con l'altro sesso, sensualità e sessualità, procreazione. È collegato al 6° chakra.

❖ **Organi fisici collegati** apparato genitale: pene, vagina, testicoli, prostata, utero, ovaie. Intestino. Reni, vescica urinaria. Colonna vertebrale nella zona lombare.

❖ **Ghiandola endocrina** gonadi.

❖ **Correlazioni fisiche** problematiche sessuali varie: insoddisfazione sessuale, difficoltà nell'orgasmo, frigidità, impotenza, disturbi della fertilità. Squilibri a reni e vescica. Enuresi, irregolarità mestruali, problemi alle gonadi, difficoltà relative alla gravidanza e alla fertilità.

❖ **Correlazioni psico-emotive** difficoltà di gioire, di provare piacere. Tendenza a trattenere le emozioni. Paura di perdere il controllo, incapacità di lasciarsi andare. Eccesso di fantasie sessuali. Diffidenza, paura di essere ingannati e di subire raggiri. Il chakra controlla una sessualità di tipo femminile, emotiva, ricettiva, che comprende passione e sensibilità.

❖ **Posizione sul corpo fisico** chakra anteriore: 3-4 dita sotto l'ombelico; posteriore: zona dell'osso sacro.

❖ **Aspetto anteriore** è legato alla sessualità in modo più diretto rispetto al chakra posteriore: innesca l'attrazione fisica per un altro individuo, governa la potenza sessuale, l'intensità dell'orgasmo e le modalità con cui raggiungerlo. Si riferisce alla facoltà di generare, sia negli uomini che nelle donne, mentre il vortice posteriore riguarda le paure inconsce che possono influire sulla prestazione sessuale e sulla fertilità. La quantità di energia sessuale è inoltre legata al funzionamento del 1° chakra. L'aspetto an-

L'ENERGIA KUNDALINI

Nello yoga la kundalini (dal sanscrito *kundal*, "spirale") è un'energia addormentata in forma di serpente arrotolato su se stesso, collocata alla base della colonna vertebrale, che gli yogi risvegliano per farla risalire dal 1° chakra verso i chakra superiori. Rappresenta la forza vitale, l'energia cosmica presente in tutti gli esseri umani, capace di attraversare i chakra attivandoli e stimolandone le funzioni. Se opportunamente convogliata nel chakra del cuore, questa energia permette di trasformare le componenti istintive e sessuali della personalità in amore universale; se viene fatta risalire fino al chakra coronale esalterà il lato spirituale dell'individuo.

teriore del 2° chakra metabolizza l'energia emotiva in modo che essa si manifesti senza essere trattenuta, a meno che non vi siano blocchi nell'aspetto posteriore. L'energia dell'aspetto anteriore è di tipo yang, anche se il plesso sacrale, come tutti i chakra di numero pari, nel suo complesso è in risonanza con energie yin (maternità, paternità, emozioni, sensazioni, sessualità dalle sfumature sentimentali). Se il chakra anteriore è armonico e il posteriore disarmonico, l'individuo riuscirà a palesare il desiderio sessuale e i sistemi diretti ad appagarlo, ma probabilmente non sarà in grado di ottenere una soddisfazione completa, visto che paure inconsce o fantasie sessuali eccessive lo fuorvieranno, limitandolo. Viceversa, il soggetto segnato dalla disarmonia del chakra anteriore, ma che può contare sulle energie armoniche del chakra posteriore, non sarà influenzato da pulsioni rimosse, tuttavia potrebbe soffrire per impedimenti di altro tipo, come la difficoltà a raggiungere l'orgasmo e la scarsa capacità di manifestare l'energia sessuale. Lo stesso si può dire per le altre aree di pertinenza di questo vortice, come le emozioni e i timori di vario tipo.

❖ **Aspetto posteriore** controlla le paure e le fantasie relative alla sessualità che vengono taciute o di cui non si ha consapevolezza. Ha a che fare con emozioni e sensazioni rimosse, e riguarda anche le esperienze della procreazione, della nascita e della rinascita su cui aleggiano tensioni, dubbi, inquietudini. Bisogna trattare questo vortice nel caso che un soggetto soffra perché si sente o si è sentito rifiutato sessualmente, o nel caso vi sia una negazione del valore della maternità e della paternità. È un chakra che esplica funzioni più propriamente ricettive. Se ruota in senso antiorario è probabile che la persona abbia immagini negative riferite al sesso, o fantasie sessuali estremamente stravaganti, o ancora tendenza alla promiscuità e a cambiare spesso partner: la facilità a mettere in atto simili comportamenti sarà accentuata se il chakra anteriore ruota in senso orario.

❖ **Cristalli** agata di fuoco, aragonite arancione, opale di fuoco, pietra di luna, pietra di sole, quarzo ialino con tormalina nera, tormalina nera.
❖ **Oli essenziali** albero del tè, cipresso, finocchio dolce, patchouli, pino silvestre, salvia, sandalo legno, vetiver, ylang-ylang.
❖ **Fiori di Bach** Agrimony, Cherry Plum, Hornbeam, Larch, Mimulus, Mustard, Rock Rose, Wild Rose.

Terzo chakra

Plesso solare

❖ **Nome sanscrito** Manipura ("luogo delle gemme").
❖ **Elemento** fuoco.
❖ **Tipo di energia** energia nervosa, punto di passaggio tra energia fisica ed energia mentale.
❖ **Suono** il mantra Ram e la nota musicale mi.
❖ **Animale simbolico** ariete.
❖ **Metallo** oro.
❖ **Colore** giallo. Colore complementare: oro.
❖ **Parole e frasi chiave** "Io voglio". Autostima. Logica. Lavoro produttivo. Individualità. Rapporto con i propri simili, con la società e con la dimensione sociale. Gestione del potere personale; gioia di vivere. Collegamento tra piano istintivo e piano emotivo. Trasformazione del cibo in energia. Rendimento muscolare (in associazione con il 1° vortice). Chakra dell'ego, della volontà e della disciplina: è da trattare sia nel caso di persona debole nei rapporti con gli altri, sia nel caso di persona troppo rigida, troppo volitiva. Viene chiamato il "cervello addominale", poiché controlla l'istinto e la volontà. È collegato al 7° chakra.
❖ **Organi fisici collegati** stomaco e apparato digestivo. Fegato, cistifellea, milza-pancreas. Apparato muscolare. Schiena. Sistema immuni-

tario, sistema nervoso autonomo. Il chakra controlla inoltre la termoregolazione dell'organismo.

❖ **Ghiandola endocrina** pancreas endocrino (isole di Langerhans).

❖ **Correlazioni fisiche** disturbi digestivi di ogni tipo, come bruciori di stomaco, alito cattivo, ulcera gastrica. Disfunzioni epatiche e biliari. Patologie della milza e del pancreas. Problemi ai muscoli (considerare anche il 1° chakra). Patologie del sistema immunitario.

❖ **Correlazioni psico-emotive** malattie psicosomatiche come ansia, nervosismo, depressione, dipendenze varie. Disturbi dell'alimentazione (anoressia, bulimia). Difficoltà di rapportarsi con il corpo fisico (tenere presente anche il vortice della radice). Il chakra riguarda inoltre sentimenti come egoismo, rabbia, rancore, intolleranza, avidità (sia di beni materiali che di beni spirituali, di evoluzione). Sensazione di pugno nello stomaco (somatizzazioni al plesso solare). Desiderio di potere.

❖ **Posizione sul corpo fisico** chakra anteriore: subito sotto lo sterno, alla bocca dello stomaco, dove si sente la fossetta. Chakra posteriore: zona centrale del dorso, nel punto corrispondente al plesso solare.

❖ **Aspetto anteriore** è connesso con il desiderio di imporre la propria volontà direttamente sul mondo. Riguarda l'affermazione della personalità, in conseguenza della quale proviamo una sensazione di soddisfazione. Attraverso il funzionamento corretto di questo chakra riusciamo a raggiungere le cose che ci interessano, possiamo svolgere le azioni opportune per soddisfare i nostri intenti e ci sentiamo sicuri e soddisfatti del posto che occupiamo nel mondo, sviluppando il senso di appartenenza all'universo. L'aspetto anteriore del chakra ci illumina su come riusciamo a gestire il potere personale e sui rapporti con gli altri: il moto in senso orario indica un atteggiamento positivo riguardo agli aiuti che possono essere ottenuti dalle altre persone, le quali vengono viste non come ostacoli (una delle condizioni, questa, indicata invece dal moto antiorario) ma come sostegni per raggiungere i propri scopi e per emergere nella vita. Se il vortice è armonico, l'individuo agisce con trasparenza nella sua ricerca di successo. L'armonia dell'aspetto anteriore fa sì che il cibo venga trasformato in energia (per questo sono comunque importanti anche i chakra minori di stomaco, fegato e milza-pancreas), i pensieri diventino azioni e l'attività lavorativa produca soddisfazione e tornaconto economico.

❖ **Aspetto posteriore** per il fatto di essere collocato sul lato posteriore del corpo questo chakra presenta sfumature di tipo yin: sarà quindi possibile collegarlo a quelle caratteristiche di maggior sensibilità necessarie per ottenere il successo nel mondo e per affermare la propria volontà. Tale vortice è in risonanza con le possibilità di autorealizzazione che prevedono l'uso di facoltà intellettuali di tipo riflessivo, più metodiche e lente rispetto alle qualità impulsive del vortice anteriore. Mentre l'aspetto anteriore riguarda l'affermazione diretta della volontà e dell'iniziativa personale, l'aspetto posteriore controlla le opinioni che ci formiamo sui mezzi e sulle strategie per giungere al successo. Attraverso l'aspetto posteriore del 3° chakra possiamo correggere i giudizi negativi, le falsità e i presupposti erronei, per far sì che la spinta personale al successo procuri vantaggi piuttosto che difficoltà.

❖ **Cristalli** agata di fuoco, mookaite, pietra di luna, quarzo fumé, quarzo ialino, quarzo ialino con tormalina nera, quarzo rutilato, tormalina nera, tormalina verde.

❖ **Oli essenziali** bergamotto, garofano chiodi, limone, mandarino rosso, menta piperita, rosmarino, zenzero.

❖ **Fiori di Bach** Aspen, Centaury, Cerato, Chestnut Bud, Gorse, Holly, Larch, Mustard, Oak, Star of Bethlehem, Vervain, Walnut, Water Violet.

Quarto chakra

Plesso cardiaco

❖ **Nome sanscrito** Anahata ("non colpito", ma anche "risuonante senza percussione": si riferisce al battito cardiaco e al suono di natura trascendente, prodotto senza l'urto di due cose, che gli yogi dicono di percepire in meditazione).

❖ **Elemento** aria.

❖ **Tipo di energia** energia affettiva.

❖ **Suono** il mantra Yam e la nota musicale fa.

❖ **Animale simbolico** colomba.

❖ **Metallo** argento.

❖ **Colore** verde. Colore complementare: rosa.

❖ **Parole e frasi chiave** "Io amo". Amore, affetto, amicizia. Condivisione. Carità, compassione, perdono. Potere di guarigione. Cerniera di passaggio tra piano fisico e piano spirituale. È collegato a tutti gli altri chakra.

❖ **Organi fisici collegati** cuore. Polmoni, bronchi, parte più profonda della trachea. Petto, parte superiore del dorso. Braccia, mani. Valvola mitrale. Il chakra controlla anche la pressione sanguigna.

❖ **Ghiandola endocrina** timo.

❖ **Correlazioni fisiche** disturbi cardiocircolatori, aritmie cardiache. Angina pectoris, problemi alle coronarie. Iper e ipotensione. Asma. Patologie delle vie respiratorie (controllare anche il 5° chakra). Dolori articolari alle braccia e alle mani. Disturbi del timo.

❖ **Correlazioni psico-emotive** dispiaceri affettivi, "cuore infranto". Sensazione che il mondo sia ostile, mancanza di fiducia negli altri. Incapacità di perdonare. Invidia, gelosia, odio. Mancanza di generosità e di compassione.

❖ **Posizione sul corpo fisico** chakra anteriore: zona del cuore. Chakra posteriore: fra le scapole.

❖ **Aspetto anteriore** il 4° chakra anteriore ci dà informazioni sul modo in cui il soggetto ama, per esempio sulla sua maggiore o minore capacità di offrire amore incondizionato non solo alle altre persone, ma anche agli animali, alla natura, al mondo e alla vita. Inoltre, il buon funzionamento del chakra denota attitudine alla compassione e al perdono. Se il chakra è disarmonico avremo difficoltà ad amare senza aspettarci nulla in cambio e troveremo gravoso apprezzare i nostri simili nella loro interezza, dato che tenderemo a considerare in primo luogo i difetti e non i lati positivi delle altre persone.

Problemi nelle relazioni sociali, nelle amicizie e nel rapporto a due sono parimenti riconducibili a disarmonie di Anahata chakra. Per un terapeuta è importante che il 4° vortice sia forte, poiché è connesso con il potere di guarigione: le energie trasformate dai primi tre centri energetici risalgono la corrente in direzione verticale e passano nel chakra del cuore prima di uscire dalle mani o dagli occhi del terapeuta. In questo modo le energie terrene vengono trasformate in energie spirituali e viceversa.

❖ **Aspetto posteriore** anche l'aspetto posteriore del 4° vortice è legato alla guarigione. In particolare, esso controlla l'amore per se stessi e per il proprio corpo, la volontà di mantenersi sani e in forma: è attraverso l'amore e il rispetto per la propria individualità che si riesce a dare amore agli altri. Questo chakra è poi deputato a ricevere l'amore che gli altri ci rivolgono; si collega al raggiungimento della propria vocazione, allo scopo di ciascuno di noi nella vita e ai desideri che più vorremmo realizzare. Nel caso di problemi cardiaci e di disturbi della circolazione è bene trattare sia il chakra anteriore che il posteriore. Spesso anche le costrizioni di natura affettiva, i soprusi di vario tipo che il soggetto può aver subito e i dispiaceri sentimentali rispondono all'aspetto posteriore del 4° chakra.

❖ **Cristalli** agata di fuoco, copale, crisocolla, crisoprasio, eliotropio, granato piropo, kunzite, malachite, pietra di sole, quarzo ialino con tormalina nera, quarzo rosa, rodocrosite, rodonite, rubino, tormalina nera, tormalina verde.

❖ **Oli essenziali** bergamotto, cipresso, lavanda, maggiorana, mirto, rosa.

❖ **Fiori di Bach** Cerato, Cherry Plum, Crab Apple, Elm, Gentian, Holly, Mimulus, Olive, Pine, Red Chestnut, Rock Rose, Rock Water, Scleranthus, Star of Bethlehem, Vine, Water Violet, White Chestnut, Willow.

Quinto chakra

Plesso laringeo

❖ **Nome sanscrito** Vishuddha ("purificazione").

❖ **Elemento** etere.

❖ **Tipo di energia** energia della vibrazione sonora.

❖ **Suono** il mantra Ham e la nota musicale sol.

❖ **Animale simbolico** elefante.

❖ **Metallo** mercurio.

❖ **Colore** azzurro. Colore complementare: blu.

❖ **Parole e frasi chiave** "Io comunico". Verità personale, comunicazione, condivisione verbale, ascolto. Espressione di sé, capacità di trasmettere agli altri ciò che si conosce. Preghiera. Musica, canto. Politica. Ascesa professionale, rapporti e situazioni che investono l'ambiente di lavoro. Assunzione di responsabilità. Potere del suono e della parola. Essendo il centro della comunicazione in tutte le sue forme, il 5° chakra è anche associato alla facoltà di ricevere e alla creatività di qualunque tipo: artistica, letteraria, musicale (per la creatività artistica e per l'estetica in particolare bisogna considerare anche il 2° vortice). È collegato al 1° chakra.

❖ **Organi fisici collegati** apparato respiratorio: bronchi e polmoni. Gola, faringe, laringe, parte alta della trachea. Orecchie. Nuca. Bocca, denti. Il chakra controlla anche le ghiandole linfatiche.

❖ **Ghiandola endocrina** tiroide, paratiroidi.

❖ **Correlazioni fisiche** disturbi respiratori: bronchite, asma, raffreddore. Mal di gola, tosse, faringite, laringite. Patologie dell'orecchio, labirintite. Problemi alla bocca e ai denti. Squilibri della tiroide.

❖ **Correlazioni psico-emotive** difficoltà nella comunicazione e nell'espressione verbale. Nodo alla gola. Incapacità di esprimere le proprie verità e la propria creatività, timore di non essere capiti e di non piacere. Tendenza a evitare il contatto interpersonale ritirandosi nel proprio orgoglio per non subire il rifiuto da parte degli altri. Tendenza alla menzogna.

❖ **Posizione sul corpo fisico** chakra anteriore: sul pomo d'Adamo negli uomini, sulla corrispondente piega del collo nelle donne. Per posizionare i rimedi il chakra può essere raggiunto dalla fossetta alla base del collo. Chakra posteriore: parte bassa della nuca.

❖ **Aspetto anteriore** riguarda l'espressione e la comunicazione, ma anche la capacità di assumersi la responsabilità delle proprie azioni e delle proprie convinzioni. Poiché si tratta di un centro energetico molto yang (chakra anteriore di numero dispari), tale vortice esplica funzioni di tipo maschile, attivo, e si collega ai timori del "buttare fuori" ciò che si ha dentro: il malfunzionamento di questo chakra può indicare la paura di subire le critiche altrui senza saperle fronteggiare e senza essere in grado di reagire con diplomazia. Viene dunque riflessa dalle disarmonie di questo vortice anche l'incapacità di entrare in contatto con gli altri attraverso la comunicazione. Esso è estremamente importante nelle attività creative, nell'oratoria, nel canto, nell'insegnamento e in tutte quelle occupazioni in cui si devono manifestare all'esterno le verità e i valori personali. La condizione

di questo chakra ci informa sulla facoltà di far conoscere agli altri quello che sappiamo, oltre al nostro valore e alla nostra personalità. Relativamente alla professione e all'ambiente di lavoro, l'aspetto anteriore del plesso laringeo rivela il modo con cui ci vedono gli altri, come ci presentiamo, l'impressione che facciamo e le possibilità che abbiamo di essere apprezzati; segnala infine la natura dei rapporti con i colleghi e la voglia di migliorare professionalmente.

❖ **Aspetto posteriore** riflette la capacità di ricevere. Il rapporto dell'aspetto posteriore con il campo professionale, con l'ambiente di lavoro e con i colleghi mostra tendenze di tipo più ricettivo: ci riferiremo pertanto a questo chakra per studiare l'immagine che la persona ha di sé, la sicurezza o l'insicurezza nel saper svolgere la propria professione, e anche la soddisfazione che si trae da quest'ultima. In presenza di moto disarmonico possiamo risalire all'orgoglio con cui il soggetto cerca di mascherare la carente autostima in faccende professionali, cosa che può indurre al vittimismo; inoltre, possiamo rintracciare in questo vortice il timore di fallire. Attraverso Vishuddha chakra vengono assimilati pensieri, idee e concetti provenienti da altri individui, da altre dimensioni, da altri aspetti dell'essere: pertanto si riferiscono al 5° chakra posteriore le modalità e la qualità dell'apprendimento, oltre a certi tipi di contatto con gli spiriti guida (channelling verbale). Tutte le nozioni che l'individuo apprende penetrano attraverso il 5° chakra posteriore per passare poi nell'aspetto anteriore (verbale e cosciente), dove il soggetto accoglie i consigli che ritiene opportuni ed elimina quelli inadatti. Il 5° chakra posteriore simboleggia dunque la fucina in cui, immettendo materiale prodotto da altri, si forgiano le proprie verità, che il chakra anteriore provvede poi a rilasciare all'esterno. Se questo chakra è debole, la persona potrebbe farsi influenzare dalle opinioni altrui senza essere in grado di valutarle attentamente; all'opposto, se il chakra è forte, essa potrà contare sulla capacità di aprirsi con discernimento alle informazioni che arrivano dall'esterno. La terapia di questo chakra è fondamentale nel caso di soggetti che risentono delle influenze negative di entità esterne.

❖ **Cristalli** agata di fuoco, calcedonio azzurro, crisocolla, lapislazzuli, quarzo fumé, quarzo ialino con tormalina nera, quarzo rosa, sodalite, tormalina nera.

❖ **Oli essenziali** benzoino, bergamotto, cipresso, eucalipto, finocchio dolce, mirto, salvia.

❖ **Fiori di Bach** Chicory, Clematis, Heather, Holly, Impatiens, Mustard, Scleranthus, Vervain, White Chestnut, Willow.

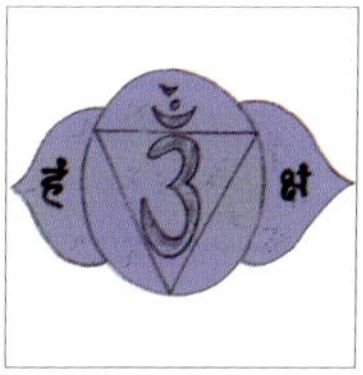

Sesto chakra

Plesso frontale

❖ **Nome sanscrito** Ajna ("percezione, conoscenza, comando").

❖ **Elemento** super etere.

❖ **Tipo di energia** energia mentale.

❖ **Suono** il mantra Om e la nota musicale la.

❖ **Animale simbolico** civetta.

❖ **Metallo** platino.

❖ **Colore** indaco. Colore complementare: viola.

❖ **Parole e frasi chiave** "Io vedo". Potere mentale, facoltà intellettive. Conoscenza. Ispirazione. Visione, previsione, intuizione. Chiaroveggenza, telepatia e altre facoltà sensitive; stati alterati di coscienza. Maturità. Completezza. Organizzazione sociale. Insieme al 3° chakra rappresenta la sede della volontà, ma il 6° vortice esercita anche un'azione di comando sugli altri chakra. Esso viene spesso chiamato "terzo occhio"; corrisponde al chiasmo ottico. È collegato al 2° chakra.

❖ **Organi fisici collegati** occhi, in particolare l'occhio sinistro. Testa. Una parte delle orecchie (alcuni disturbi delle orecchie rispondono al 5°, altri al 6° chakra). Naso, vie aeree superiori. Fronte. Base del cervello.

❖ **Ghiandola endocrina** ipofisi.

❖ **Correlazioni fisiche** problemi di vista. Mal di testa, cefalea frontale, disturbi ai muscoli facciali. Patologie delle orecchie. Labirintite. Disturbi alle vie aeree superiori (considerare anche il 5° chakra). Sinusite. Epilessia. Squilibri dell'ipofisi.

❖ **Correlazioni psico-emotive** confusione mentale, difficoltà a mettere in pratica le idee. Ritardo intellettivo. Insicurezza, mancanza di fiducia nelle proprie intuizioni. Scarsa forza di volontà (prendere in considerazione anche il 3° chakra). Uso di droghe e allucinogeni. Problemi nel cambiamento dei ritmi circadiani (per esempio, dormire di giorno e lavorare di notte). Disturbi dati dal cambiamento di fuso orario (jet-lag).

❖ **Posizione sul corpo fisico** chakra anteriore: tra le sopracciglia, più in alto o più in basso secondo le persone. Chakra posteriore: retro della testa, all'incirca sulla sutura tra osso occipitale e osso parietale.

❖ **Aspetto anteriore** è il chakra associato alla comprensione di concetti mentali, alla facoltà di vedere il mondo e le situazioni in un'ottica più o meno ampia. Attraverso la forza di questo centro percepiamo la realtà in maniera equilibrata, nitida, corretta; oppure, se il chakra è problematico, avremo una visione ristretta, errata o confusa dell'esistenza, delle situazioni, dei rapporti con gli altri e con noi stessi. Se il vortice gira in senso antiorario, le immagini della realtà che il soggetto crea saranno negative: proiettandole all'esterno, queste immagini finiranno per produrre tutta una serie di situazioni realmente ostili. La caratteristica di concepire idee particolarmente negative, che vengono poi trasferite in atteggiamenti effettivi, è correlata alla rotazione disarmonica e particolarmente ampia di questo chakra. Da un punto di vista fisico, pesanti alterazioni nel regolare moto orario del 6° vortice anteriore corrispondono spesso a disturbi degli occhi e della vista. Se il chakra metabolizza una scarsa quantità di energia e dunque risponde al pendolino con oscillazioni di lieve entità (seppure in senso orario), si può dedurre che tale persona soffre di una carenza di idee e non ha sviluppato al meglio le facoltà intellettive. Il funzionamento armonico segnala invece che il soggetto riesce a gestire l'intuizione e il potere mentale – o in certi casi le doti di tipo sensitivo – nella maniera appropriata, indirizzandoli ai propri fini.

❖ **Aspetto posteriore** quanto è stato esposto per l'aspetto anteriore riguarda anche l'aspetto posteriore, ma con la differenza che il chakra collocato sul retro della testa rispecchia le potenzialità dell'individuo in merito alle idee, alle facoltà mentali e alle qualità intuitive. Le idee che devono ancora materializzarsi o che non sono pervenute alla coscienza rientrano nella sfera del 6° chakra posteriore: tutte le fantasie non bene inquadrate e tutte le visualizzazioni inespresse hanno qui la loro sede. La sfiducia in se stessi, così come i dubbi sulle proprie capacità mentali e intuitive possono essere indicate dal moto disarmonico di questo vortice. Dato che l'aspetto posteriore del 6° chakra è molto yin, la debolezza di questo centro rivela mancanza di lucidità nelle percezioni, caos mentale, confusione riguardo alle possibilità future, assenza di idee precise sul mondo, carenza di immaginazione, pessimismo circa il proprio cammino. Le dinamiche dell'aspetto anteriore e dell'aspetto posteriore consentono di capire quale sia la condizione intellettiva e intuitiva del soggetto esaminato: se il vortice anteriore è armonico e il posteriore disarmonico, esso avrà una visione di sé e della realtà positiva, ma gli sarà difficile cambiare i propri schemi mentali; se si presenta la circostanza inversa, il soggetto sarà caratterizzato da capacità mentali potenziali che non riuscirà a mettere agevolmente in pratica. Problematico è il caso in cui il movimento di entrambi i vortici sia irregolare: tale individuo, oltre a non rendersi conto di ciò che può veramente fare a livello mentale, non valuterà correttamente né se stesso né la realtà che lo circonda.

❖ **Cristalli** agata di fuoco, fluorite policroma, quarzo ialino con tormalina nera, quarzo occhio di falco, rodonite, sodalite, tormalina nera.

❖ **Oli essenziali** albero del tè, anice, limone, menta piperita, nardo, rosmarino, timo rosso.

❖ **Fiori di Bach** Chestnut Bud, Chicory, Clematis, Gentian, Honeysuckle, Hornbeam, Rock Water, Vine, Wild Oat.

Settimo chakra

Plesso coronale

❖ **Nome sanscrito** Sahasrara ("mille volte ripiegato in sé").

❖ **Elemento** luce.

❖ **Tipo di energia** energia spirituale.

❖ **Suono** nessun mantra viene associato a questo chakra, in quanto lo si riconduce al silenzio e all'ascolto mistico. La nota musicale è si.

❖ **Animale simbolico** il serpente illuminato, le cui energie si sono trasformate fino a raggiungere il livello spirituale.

❖ **Metallo** pietra filosofale.

❖ **Colore** viola. Colori complementari: bianco, trasparenza incolore, oro.

❖ **Parole e frasi chiave** "Io trascendo". Senso dell'infinito, trascendenza, misticismo, filosofia, multidimensionalità, abbandono del Sé. Centro di unificazione delle attività spirituali. Saggezza, beatitudine, illuminazione. Unione con l'Assoluto, estasi. Capacità di compiere miracoli. Riunione di macrocosmo e microcosmo. Poiché è in relazione con qualunque tipo di religione, questo vortice viene associato con la coscienza cosmica (l'*akasha* degli Orientali) e con l'energia divina. Chiamato anche "loto dai mille petali", è collegato al 3° chakra.

❖ **Organi fisici collegati** occhio destro, cervello, calotta cranica, sistema nervoso centrale.

❖ **Ghiandola endocrina** epifisi.

❖ **Correlazioni fisiche** problemi agli occhi (controllare anche il 6° chakra). Disturbi al cervello e al sistema nervoso centrale. Squilibri dell'epifisi.

❖ **Correlazioni psico-emotive** paure di origine sconosciuta, buio interiore. Senso di alienazione, perdita di identità. Mancanza della dimensione spirituale; mancanza di elasticità in ambito filosofico o religioso, bigottismo.

❖ **Posizione sul corpo fisico** sulla sommità della testa, nel punto della fontanella. I rimedi dovranno essere collocati su un supporto di materiale naturale a pochi centimetri dalla calotta cranica.

❖ **Caratteristiche** anche il centro energetico della corona è unico, e si rivolge dalla testa verso il cielo. Per mezzo di esso si recepiscono concetti globali che trascendono ciascuno dei sensi controllati dagli altri chakra; tuttavia la conoscenza del "loto dai mille petali" è parziale, essendo la sua vibrazione molto elevata e quindi, per certi aspetti, fuori della comprensione umana. La terapia di questo chakra agisce a livello karmico, promuovendo lo scioglimento dei debiti karmici e accelerando il godimento dei crediti che rientrano nel karma individuale. In questa sede, così come nel 7° livello dell'aura, sono inscritte le vite precedenti dell'individuo.

❖ **Cristalli** agata di fuoco, lepidolite, quarzo ametista, quarzo ialino con tormalina nera, tormalina nera.

❖ **Oli essenziali** incenso, lavanda, legno di rosa, mirra, sandalo legno.

❖ **Fiori di Bach** Aspen, Hornbeam, Mimulus, Sweet Chestnut.

Imparare a leggere i chakra

Saper leggere in maniera approfondita la condizione dei chakra con uno strumento di facile utilizzo, come il pendolino, significa capire qualcosa di più di noi, sia sul piano fisico, sia su quello emotivo e psicologico.

Per controllare in una persona quali chakra siano disarmonici e necessitino di trattamento, il metodo più semplice consiste nell'uso del pendolino. Chi ha dimestichezza con la percezione delle energie sottili potrà usare le mani, passandole su ciascun centro energetico allo scopo di rilevare blocchi, congestioni e alterazioni; oppure potrà ricorrere alla visione psichica, sempre che abbia sviluppato le doti di chiaroveggenza necessarie a vedere i corpi sottili, i loro colori, le disarmonie che questi presentano: per chi invece non è ancora giunto a simili stadi di sensitività, il pendolino rappresenterà un mezzo altrettanto valido.

Il pendolino deve essere di materiale naturale, a punta e simmetrico rispetto all'asse centrale; per quanto riguarda la lunghezza del filo o della catenella a cui è appeso, si consigliano in genere circa 10-12 centimetri (se il filo è troppo lungo lo strumento è lento nelle oscillazioni), tuttavia tale misura può essere aumentata o diminuita secondo le preferenze di chi lo usa, dato che si tratta pur sempre di uno strumento personale da calibrare con la propria sensibilità. Al momento di acquistare un pendolino ci si accerti che esso sia ben realizzato: in particolare, lo si osservi da sotto per vedere se il contrappeso (che, come abbiamo detto, deve terminare a punta) è fissato alla catenella in modo da cadere perfettamente verticale. Spesso ci si imbatte in pendolini nei quali il contrappeso è stato fissato male e la punta di quest'ultimo non prosegue nella direzione verticale della catenella, ma devia verso destra o verso sinistra. Oltre ad assicurarsi che lo strumento sia fatto a regola d'arte, è necessario verificarne la compatibilità con il soggetto che lo dovrà usare: a questo proposito dovremo rimanere per un po' in ascolto, liberando la mente da ogni altro pensiero e, concentrandoci sul pendolino stesso, cercare di percepire che impressione ci fa lo strumento, così da capire se può essere in sintonia con noi. Tenendo il pendolino con la mano destra (sinistra se si è mancini), lo si sospenda sul palmo aperto dell'altra mano, si crei il vuoto mentale, quindi si domandi se esso è a noi congeniale: dalla facilità a iniziare la rotazione o un'oscillazione lineare (orizzontale o verticale) si può avere un'indicazione sulla compatibilità dello strumento con noi.

Il materiale di cui il pendolino è fatto non è importante, o meglio, è importante per una determinata persona, mentre potrebbe non essere compatibile con un altro soggetto che pure lo vorrebbe usare: se si hanno dubbi rispetto alla procedura fin qui descritta, si consiglia di esercitarsi con pendolini di vario materiale, in modo da essere in grado, dopo un certo tempo, di scegliere quello giusto. In commercio si trovano pendolini di tutti i tipi: per individuare quello più congeniale bisognerebbe farseli testare uno a uno da una persona esperta in radiestesia o nei test kinesiologici.

Come abbiamo detto, prima di adoperare il pendolino è importante creare il vuoto mentale, liberando la mente da qualsiasi aspettativa circa l'esito del test, e sottraendoci all'influenza che il lato razionale della coscienza potrebbe esercitare spingendoci a voler ottenere un tipo di oscillazione piuttosto che un altro: dobbiamo mantenerci mentalmente neutrali circa la condizione del chakra che stiamo testando. Il codice di risposta del pendolino è personale: le oscillazioni o le rotazioni corrispondenti al "sì" e al "no" variano da operatore a operatore, pertanto per prima cosa conviene esercitarsi ponendo allo strumento domande di cui si sa con certezza che la risposta è "sì" e domande a cui è possibile rispondere solo "no" (per esempio il proprio nome, la località di nascita, l'età e argomenti simili). Dopo una serie di esercizi di questo tipo si potrà stabilire con certezza quale siano i propri codici personali di risposta in senso affermativo e in senso negativo, tenendo presente che le oscillazioni possono essere solo quattro: rotazione in senso orario, rotazione in senso antiorario, oscillazione orizzontale (cioè parallela al corpo dell'operatore), oscillazione verticale (cioè perpendicolare al corpo dell'operatore). Oscillazioni ellittiche o diagonali non vengono prese in considerazione: nel caso, si rafforzi la concentrazione mentale ripetendo più volte, con fermezza, di voler escludere i movimenti dello strumento non compresi nei quattro precedentemente descritti. Riassumendo: il "sì" non deve essere per forza indicato da un cerchio in senso orario, può anche corrispondere a uno degli altri tre movimenti; lo stesso dicasi per il "no", che per alcuni radiestesisti equivale per esempio a un'oscillazione in linea retta (orizzontale o verticale).

Non è necessario tenere il pendolino vicino al chakra da indagare: si può anche tenerlo a distanza e indicare il centro energetico con il dito indice dell'altra mano. L'analisi dei chakra può essere condotta con la persona in piedi o seduta, anziché distesa sul lettino: ricordate che la cosa importante non è tanto la posizione dell'operatore né quella della persona da testare, quanto piuttosto la concentrazione mentale e la volontà di ottenere la risposta, senza però aspettarsi una risposta precisa: pertanto, si può verificare anche la condizione dei chakra di una persona non presente nella stanza, purché si riesca a concentrarsi via via su ciascun vortice energetico in relazione al soggetto da esaminare. Nell'attesa che il pendolino cominci a muoversi, ci si mantenga concentrati sul

chakra in oggetto e si ripeta mentalmente o a voce alta una frase del tipo: "Qual è la condizione di questo chakra? Attendo la risposta". Se l'operatore non stabilisce a priori che vuole indagare lo stato di un chakra in un determinato livello dell'aura, la risposta del pendolino si riferirà a quel chakra nel suo complesso, includendo uno o più livelli dell'aura. Ciò significa che se lo strumento segnala un "sì" il chakra è armonico, privo di problemi; al contrario, ottenendo un "no", il centro energetico viene indicato come disarmonico. In linea generale non è importante approfondire la problematica relativa al chakra in questione, o su quali livelli dell'aura essa si manifesti: la cosa fondamentale è riuscire a risolvere lo squilibrio attraverso i metodi descritti in seguito. Se, tuttavia, si volessero acquisire ulteriori informazioni, è possibile porre al pendolino domande successive anche aiutandosi con quadranti specifici (cioè con grafici, di solito in forma di cerchio diviso in settori, nei quali sono riportate varie risposte).

Se il pendolino indica che un vortice energetico è disarmonico ciò significa che questo non metabolizza bene l'energia del campo universale: ne possiamo dedurre che le esperienze psicologiche e i sentimenti relativi a quel chakra non sono equilibrati, pertanto la persona sarà caratterizzata, in quell'area, da idee e da situazioni negative, che a lungo andare potrebbero creare malattie e sintomi psicofisici. Quando si esegue l'analisi dei chakra si ricordi anche di specificare, mentalmente o a voce alta, che si richiede la lettura *costituzionale* di ciascun centro energetico, intendendo con questo termine la condizione tipica, continua, ripetuta nel tempo dei chakra della persona in relazione alla costituzione di quest'ultima, cioè in relazione al suo modo di essere, alla sua personalità. Bisogna infatti distinguere se si vuole conoscere lo stato dei vortici sul momento oppure la condizione profonda, costituzionale, legata ai problemi caratteriali ed evolutivi del soggetto. Possiamo tro-

Da sinistra alcuni tipi di pendolino: in metallo con cavità interna per inserire il testimone; in legno; in quarzo ametista; con ampolla di vetro contenente mercurio.

vare per esempio un 4° chakra anteriore (correlato alla capacità di amare) che solitamente funziona bene ma che, nel momento in cui viene effettuato il test, soffre di uno squilibrio passeggero imputabile a un litigio avvenuto poco prima, che ha lasciato tracce di frustrazione a livello del cuore; pertanto è opportuno specificare, subito prima di utilizzare il pendolino, se si desidera una lettura della situazione profonda o se, al contrario, si vuole verificare la condizione attuale.

Quando si esegue la lettura dei centri energetici di un'altra persona si ricordi sempre di integrare le informazioni ricevute dal pendolino con un colloquio relativo alle sensazioni e ai problemi che tale persona lamenta. È anche possibile eseguire la lettura dei chakra su di sé senza l'aiuto di un altro soggetto, ma si tenga presente che è molto più difficile cercare di capire qualcosa di sé piuttosto che qualcosa di un'altra persona: si avranno pertanto maggiori probabilità di non essere obiettivi e, quindi, sarà più facile influenzare il pendolino facendogli compiere oscillazioni che non sono veritiere. Per leggere da soli la condizione dei propri chakra si proceda nel modo seguente: stando in piedi in un luogo tranquillo, a gambe leggermente divaricate e con i piedi ben saldi sul pavimento, si tocchi con la mano libera dal pendolino il punto in cui ciascun chakra si colloca sul corpo fisico (quindi per i vortici posteriori si devono toccare i punti corrispondenti sul retro del corpo); si tenga il pendolino nell'altra mano, sospendendolo davanti a sé in modo da poterlo vedere bene; si crei il vuoto mentale, quindi ci si concentri sulla frase detta sopra, cioè "Qual è la condizione di questo chakra? Attendo la risposta". Dopo un po' il pendolino comincerà a oscillare: lo si osservi per qualche momento in modo da essere sicuri della sua risposta e si annoti su un foglio di carta il risultato. Per avere la certezza che il chakra si trovi davvero nella condizione segnalata dal pendolino, sarà opportuno ripetere la lettura per alcune volte consecutive in giorni diversi.

Una volta individuati i centri energetici disarmonici, si può procedere alla scelta dei rimedi più adatti a riequilibrarli, secondo le indicazioni riportate nei capitoli successivi. Per i vortici dal 2° al 6° compresi, che

QUADRANTE PER L'ANALISI DEI CHAKRA CON IL PENDOLINO

Fotocopiare la tavola della pagina a fronte e ingrandirla nel formato A4. Per eseguire l'analisi si chieda al soggetto da esaminare di poggiare il suo dito indice sul primo petalo del quadrante (1° chakra), quindi si proceda alla lettura con il pendolino: se lo strumento risponde "no" il chakra è disarmonico e bisogna segnare una "X" sul petalo. Procedere in maniera analoga per tutti gli altri centri energetici.
Si può ricorrere a questo quadrante anche per esaminare la condizione dei propri chakra, anziché toccare con l'altra mano i punti del corpo come suggerito in precedenza.
Il grafico riportato sotto la ruota dei chakra serve per verificare se l'analisi è stata svolta correttamente; se il pendolino indica "PRECONCETTO" significa che l'operatore ha influenzato la risposta.

ANALISI DEI 7 CHAKRA PRINCIPALI

NOME

DATA

I CHAKRA SEGNATI CON **X** SONO DISARMONICI
E NECESSITANO DI TRATTAMENTO

presentano un aspetto anteriore e uno posteriore, si consideri che spesso bisogna agire anche sui chakra posteriori per promuovere un riequilibrio energetico completo. I chakra posteriori vengono trattati con le stesse modalità dei chakra anteriori, ma il soggetto dovrà stare sdraiato sul ventre.

Esiste un altro strumento radiestesico, il *biotensor*, che rispetto al pendolino ha il vantaggio di essere più maneggevole anche per i principianti. Di tale strumento si parla più diffusamente nel capitolo "Scegliere i rimedi più adatti".

Il ricorso alla radiestesia è comunque consigliato a coloro che hanno già acquisito una certa scioltezza con tale disciplina: infatti, a differenza del test muscolare il quale, se ben condotto, ha un'altissima percentuale di affidabilità, il pendolino e il biotensor sono strumenti di più delicata gestione, influenzabili dal soggetto che li usa, e quindi potrebbero condurre a interpretazioni sbagliate. Adottando il test muscolare (chiamato anche *test kinesiologico*) le probabilità di errore sono minime, poiché è la persona stessa, con i suoi muscoli, che dà la risposta riguardo a un chakra o alla compatibilità di un rimedio: anche se bisogna imparare a sviluppare una certa sensibilità e acquisire piano piano la padronanza del metodo, il soggetto che esegue il test non può essere influenzato dai pregiudizi e dalle convinzioni personali.

L'armonizzazione dei chakra delineata in questo libro agisce in prevalenza sui primi quattro strati del campo aurico (eterico, emotivo, mentale e astrale): ma ciò dipende da una serie di fattori, tra cui le facoltà del terapeuta, i rimedi utilizzati, il numero di sedute e la maggiore o minore gravità della disarmonia. Con la pranoterapia è possibile agire su tutti e sette i livelli dell'aura, anche se per operare sul corpo eterico matrice, sul corpo celestiale e sul corpo causale bisogna avere sviluppato doti particolari.

La pranoterapia

La Terra emette una particolare frequenza che può essere canalizzata e diretta a scopi terapeutici, sia per armonizzare i chakra sia per intervenire su numerosi squilibri. Con tale metodo chiunque può sviluppare doti di pranoterapia.

La pranoterapia consiste nel canalizzare la vibrazione terapeutica della Terra e dirigerla su persone, animali e piante mediante imposizione delle mani. I test radiestesici e kinesiologici hanno segnalato che la vibrazione specifica di 7,82 hertz (uno dei picchi della *Risonanza di Schumann*), emessa dal pianeta, è la più adatta per ottenere effetti terapeutici.

Secondo quanto emerge dai test non esistono altre energie assimilabili al prana, intendendo con questo termine un'emissione benefica canalizzabile dall'uomo e trasmissibile mediante imposizione delle mani: il prana si identifica esclusivamente con la vibrazione della Terra. Il prana non è il campo magnetico terrestre, non è un campo elettrico o elettromagnetico di qualche genere, non è un'energia proveniente dal cielo, dallo spazio o da livelli superiori di realtà; il prana non è qualcosa che ci viene trasmesso dagli spiriti guida, non è un'energia vitale universale ma, come risulta dalle indagini condotte mediante radiestesia e test kinesiologici, corrisponde semplicemente alla frequenza di 7,82 hertz emessa dal pianeta.

La centratura

La centratura è il procedimento mediante il quale il pranoterapeuta attiva la canalizzazione del prana e si prepara a eseguire il trattamento. Si devono posizionare le mani sul cuore, l'una accanto all'altra o anche leggermente soprammesse, e cominciare a concentrarsi mentalmente, invocando la Madre Terra e la sua vibrazione benefica di 7,82 hertz; conviene invocare anche i propri spiriti guida e quelli della persona da trattare, in maniera da essere assistiti nei nostri intenti.

La centratura è un atto personale, pertanto il procedimento può essere adattato alle esigenze e alle sensazioni individuali: è comunque imprescindibile il posizionamento delle mani sul cuore. Non si deve avere fretta, dato che per raggiungere una sufficiente concentrazione mentale potrebbero essere necessari diversi minuti. Il prana viene canalizzato dall'operatore attraverso tutti i suoi chakra, anche se sono maggiormente interessati i centri energetici 4° e 7°. Durante la centratura si può visualizzare una luce calda e dorata che sale dalla Terra e viene assorbita attraverso i piedi, i chakra e il corpo del pranoterapeuta, fino a concentrarsi nelle mani. Un'altra possibilità consiste nell'immaginare di camminare a piedi nudi sull'erba di un prato, sulla sabbia di una spiaggia o in un altro ambiente naturale piacevole. Quali che siano i dettagli, l'importante è entrare in uno stato di rilassamento, di leggera trance, sentendo che le mani si scaldano e che cominciano a formicolare: a quel punto, dopo l'allineamento dei chakra, si può procedere con i trattamenti.

ALLINEAMENTO DEI CHAKRA PER LA CANALIZZAZIONE PRANICA

A conclusione della centratura è utile preparare rapidamente i chakra affinché canalizzino meglio il prana. Il termine allineamento non significa "armonizzazione" né "riequilibrio" dei chakra, quanto piuttosto "adeguamento" o "preparazione": quindi con questo sistema i chakra dell'operatore non vengono armonizzati (cosa che sarebbe impossibile in così poco tempo), ma solo predisposti alla canalizzazione; si tratta in fin dei conti di una piccola meditazione aggiuntiva. Ci si concentra per qualche istante

sul 1° chakra, visualizzando il colore rosso e immaginando di inspirare ed espirare il rosso, e che il 1° chakra riceve tale colore; si passa quindi al 2° chakra (senza distinzione tra anteriore e posteriore, il 2° chakra nel suo complesso) e si visualizza l'arancione, lo si inspira ed espira (si può pensare a un fumo colorato che entra ed esce dalla bocca); poi si fa lo stesso per il 3° chakra e per i successivi, ciascuno con il suo proprio colore.

A prima vista la procedura può sembrare lunga, impegnativa, ma non è così: la si esegue velocemente nell'arco di un minuto o due.

COME INTERROMPERE LA CANALIZZAZIONE PRANICA

Al termine del trattamento, per chiudere il contatto con il prana e staccarsi dalla persona, si soffia sui palmi delle mani alcune volte e si battono insieme ripetutamente, palmo contro palmo come se si stesse applaudendo; poi si lavano le mani con acqua fredda e sapone.

Potenziare la canalizzazione e la trasmissione pranica

❖ Innanzitutto è fondamentale evitare scarpe con le suole di gomma o di materiali simili (scarpe da ginnastica e di altro tipo), poiché i piedi vengono isolati dalla vibrazione della Terra. Quando si effettuano sedute di pranoterapia bisogna stare scalzi o adottare calzature di stoffa, corda, cuoio, legno: quindi senza gomma né derivati, senza materiali plastici (per le suole di legno si può ricorrere a un paio di zoccoli). Si possono indossare calze di lana (anche di tessuto misto lana-acrilico, ma che abbiano la lana in percentuale maggiore rispetto all'acrilico), di cotone, seta, canapa e altre stoffe naturali. Non vanno bene le calze di nylon o di materiali sintetici, oppure quelle fatte del tutto o in gran parte di fibre acriliche.

❖ Come le calze, anche gli abiti devono essere il più possibile di tessuti naturali, sia per il pranoterapeuta sia per la persona che si fa trattare: lana, cotone, seta, lino, viscosa, canapa, fibre vegetali in genere.

❖ Il pranoterapeuta e la persona che si fa trattare devono togliersi tutti i metalli (a eccezione di qualche monile particolarmente significativo da un punto di vista simbolico o energetico). Il soggetto che riceve il trattamento non deve indossare cardigan, giacche o simili con zip centrale, cioè situata lungo la linea mediana del corpo. Togliere anche le cinture ed eventuali oggetti presenti nelle tasche degli abiti.

❖ Si deve sempre operare lontano da campi elettromagnetici (computer, elettrodomestici, televisori, cellulari) e da apparecchiature in cui passa corrente elettrica. La situazione ottimale è rappresentata da una stanza dove i computer e le apparecchiature elettriche sono assenti, oppure se ci sono devono essere spente (con la spina staccata dalla presa di corrente). Infine conviene tenersi a una distanza di 1-2 metri rispetto alla lampada che illumina l'ambiente; usare solo candele al posto della luce elettrica sarebbe la scelta migliore, dove possibile, poiché oltretutto si crea un'atmosfera che induce rilassamento. Maggiore è la presenza nella stanza di onde elettriche ed elettromagnetiche, o di campi magnetici, minore è la facoltà per l'operatore di canalizzare e trasmettere correttamente la vibrazione della Terra, poiché tali interferenze indeboliscono le capacità del pranoterapeuta e rendono la persona che si fa trattare meno sensibile all'energia pranica.

❖ Per il pranoterapeuta: individuare quali dei suoi chakra sono più disarmonici e, durante i trattamenti, applicare su tali centri energetici piccoli esemplari di minerali burattati, o chicchi da collane (può bastare un pezzo per chakra), in modo da aiutare i chakra in questione a canalizzare meglio il prana. Naturalmente bisogna essere in grado di scoprire quali chakra necessitano di aiuto e quale cristallo è appropriato per ciascuno di essi: di solito si ricorre alla radiestesia e ai test kinesiologici. I cristalli possono essere applicati direttamente sugli abiti nei punti corrispondenti ai chakra, ma bisogna evitare catenine, pinze o spille di metallo. Tra i metalli solo il rame è accettabile, quindi si possono infilare chicchi di collane realizzati in pietre naturali in un filo di rame; ma si può fare lo stesso utilizzando un filo di cotone. Si possono cucire o legare i minerali su strisce di tessuto naturale, oppure usare altri accorgimenti (sacchettini di cotone contenenti i cristalli cuciti su un camice, nei punti corrispondenti ai chakra da trattare).

Modalità di trattamento

Si comincia a imporre le mani partendo dalla testa, indipendentemente dal fatto che la testa e i chakra 6° e 7° debbano essere trattati: ciò per indurre rilassamento e far sì che la persona si disponga a ricevere il trattamento sul corpo. Conviene quindi applicare le mani sulla fronte, sulla nuca, sulla sommità della testa, su orecchie e tempie, anche muovendole leggermente come si trattasse di un lieve massaggio. Dopo alcuni minuti, quando ci sembra che l'applicazione sulla testa sia sufficiente, si passa a imporre le mani sui chakra e sulle parti del corpo che devono essere armonizzate, tenendo presente la sequenza in 4 fasi riportata sotto.

Se è necessario intervenire sui centri energetici posteriori, oppure su organi più facilmente raggiungibili dalla schiena (come i reni), è bene cominciare la seduta con la persona stesa in posizione prona, cioè a pancia sotto. Dopo aver lavorato sulla schiena si chiede al soggetto di girarsi e di sistemarsi a pancia in su, quindi si prosegue il trattamento. La posizione prona è scomoda per la persona distesa sul lettino, quindi bisogna evitare di attardarsi più del necessario: si trattino correttamente i punti richiesti e si passi ad agire sulla parte anteriore del corpo. La durata media della seduta è di 50-60 minuti: questo tempo è solitamente sufficiente per operare sia sui chakra anteriori sia su quelli posteriori.

1. Pulire l'aura e i chakra. Il primo passo da compiere è quello di rimuovere scorie e tossine energetiche dai chakra e dall'aura, come spiegato sotto.

❖ *Posizionare le mani sui livelli dell'aura, oltre che sul corpo fisico.* Per trattare uno o più strati dell'aura bisogna mettere le mani a distanza rispetto al corpo fisico; una mano viene posizionata sul corpo e l'altra nello strato dell'aura da trattare, e si fa scorrere questa mano più volte a quell'altezza, su una zona più o meno ampia.

Si ricordi che una mano deve sempre rimanere a contatto con il corpo della persona, mentre l'altra viene spostata per intervenire sull'aura e sui chakra: ciò perché la persona deve sempre sentire il contatto fisico con il pranoterapeuta.

❖ *Pettinare l'aura.* È utile passare varie volte le mani nell'aura con le dita aperte a rastrello, come se fossero due pettini, con l'intenzione di districare, pettinare, riordinare. Con questo sistema si interviene anche sui chakra, a varie distanze rispetto al corpo fisico, con movimenti mirati a raccogliere impurità, tossine energetiche e vibrazioni negative da rimuovere: si compiono gesti con la mano come se si volesse raccattare qualcosa da eliminare e si scarica poi la mano verso il pavimento, scuotendola una o due volte, in modo da gettare via le energie negative. Dopo aver scaricato la mano conviene aspettare un istante e immaginare che gli spiriti guida la puliscano completamente per mezzo di una luce bianca, in modo che sia priva di scorie quando viene reintrodotta nell'aura della persona.

❖ *Afferrare le scorie energetiche con la mano libera.* Oltre a utilizzare le dita a rastrello, come specificato sopra, si compie anche il gesto di afferrare qualcosa nell'aura (oppure in un chakra, o sopra un organo fisico che presenta problemi), a varie altezze o anche vicino al corpo. Con una mano si rimane a contatto con il corpo della persona, con l'altra si parte dalle vicinanze del corpo e, mediante gesti ripetuti in successione, ogni volta salendo di un po', si "acchiappa l'aura" stringendo il pugno e gettando via verso il pavimento. Ogni volta che si scuote la mano verso il pavimento si attende un istante per permettere agli spiriti guida di ripulire la mano attraverso la luce bianca. Si ripete l'operazione varie volte in modo che tutta l'estensione in verticale di quella zona dell'aura che vogliamo trattare sia stata raggiunta (come sappiamo l'aura si estende per circa un metro rispetto al corpo fisico).

2. Caricare l'aura e i chakra di energia terapeutica. Dopo aver eseguito la pulizia si procede a immettere energia terapeutica nei punti da trattare: questa energia sarà costituita dalla vibrazione della Terra, 7,82 hertz, e dalla vibrazione del colore appropriato, secondo che si intervenga su un chakra (ci si concentra allora sul colore proprio di quel centro energetico) o su una zona dell'aura o del corpo fisico. In quest'ultimo caso, se stiamo operando fuori da un chakra, è possibile usare il colore rosso per tonificare e riscaldare; il colore blu per calmare e raffreddare; il colore viola per pulire, eliminare le scorie.

Per caricare l'aura di energia terapeutica si usa *la mano a coppa*, partendo da lontano (per quanto possibile al di fuori dell'aura della persona oggetto di trattamento), fino a portarla nel punto, dall'alto verso il basso, come se si volesse aggiungere qualcosa; si compie cioè una specie di arco con la mano e con il braccio, partendo dal lato del corpo della persona e terminando a contatto con il corpo, cioè nel punto da caricare. Si usa una mano sola perché l'altra rimane posizionata sul corpo della persona. Bisogna ripetere il gesto almeno 3 volte, ma è meglio farlo 5-6 volte. Mentre si compie il gesto si immagina di convogliare nel punto interessato anche il colore prescelto, per esempio chiedendo agli spiriti guida di caricare la mano con tale colore.

Il metodo suddetto è adatto alla tonificazione (aumento dell'energia in un punto): se si hanno incertezze è meglio utilizzare solo il primo procedimento, quello della mano a coppa, senza pensare al colore. In ogni caso il caricamento dell'aura e dei chakra con l'energia terapeutica deve sempre essere eseguito (con o senza colori): in presenza di dubbi si chieda mentalmente agli spiriti guida di intervenire in modo che la persona riceva il tipo di energia più appropriata.

3. Massaggio leggero con entrambe le mani sul corpo fisico. Dopo aver eseguito le fasi precedenti è utile effettuare un lieve massaggio su tutto il corpo della persona, quando quest'ultima è stesa a pancia in su, allo scopo di indurre una sensazione di benessere e trattare, anche se rapidamente, aree che altrimenti verrebbero trascurate.

Si parte dal 4° chakra anteriore, cioè dal petto, e si scende muovendo le mani lentamente, sempre tenendole poggiate sul corpo, e sostando per qualche istante nelle varie posizioni, in modo da toccare tutte le parti vitali. Si passa sull'addome, quindi si va sulle anche (una mano sull'anca destra, l'altra sull'anca sinistra), si scivola sulle cosce e si passa sulle ginocchia, le gambe, i piedi; si risale fino al petto e ci si sposta sulle spalle (una mano sulla spalla destra, l'altra sulla spalla sinistra), quindi sulle braccia (una mano su ciascun braccio) fino a raggiungere le mani, per poi risalire fino al petto.

4. Massaggio conclusivo dell'aura. Per concludere la seduta si passa una mano alcune volte nell'aura, a differenti altezze, mentre l'altra mano viene mantenuta sul corpo del soggetto. Si compiono movimenti nell'aura come se si effettuassero lievi massaggi: si fa scorrere la mano, si fa vibrare leggermente, si accarezza l'aura su vari livelli. Si staccano infine le mani e si esce dall'aura della persona, interrompendo la canalizzazione pranica come spiegato in precedenza. La seduta è conclusa, ma si deve permettere al soggetto di riprendersi lentamente, pertanto è opportuno mantenere il silenzio; nel frattempo si può andare a lavarsi le mani e a preparare due bicchieri d'acqua (per sé e per l'altra persona).

Le campane tibetane

Originarie del Tibet, sono molto usate in altri Paesi orientali a fini religiosi e per la meditazione.
I suoni emessi da questi strumenti inducono il rilassamento e si prestano a riequilibrare i chakra.

Le campane tibetane sono campane a terra, che vengono suonate sfregandone o picchiandone il bordo con mazze e batacchi di diverso tipo. Ne esistono di varie misure e, se sono di buona fattura, producono lunghe vibrazioni poliarmoniche, capaci di riequilibrare i chakra.

Nei monasteri tibetani le campane sono associate simbolicamente al suono originario della Om, la sillaba divina da cui scaturiscono tutti i mantra.

Le campane tibetane originali, che sono le migliori, vengono ottenute da una lega di 7 metalli corrispondenti ai 7 pianeti della tradizione astrologica (e quindi ai 7 chakra principali):
oro per il Sole, **argento** per la Luna, **mercurio** per l'omonimo pianeta, **rame** per Venere, **ferro** per Marte, **stagno** per Giove, **piombo** per Saturno.

Le campane più pregiate dovrebbero essere state create a mano, avvolte da un rispettoso alone di mistero riguardo al procedimento, l'esatta quantità e le caratteristiche dei metalli che le compongono.

I suoni che ciascuna di esse produce dipendono da vari parametri, tra cui: composizione della lega (quantità, caratteristiche e provenienza dei metalli), spessore, diametro, tecnica di lavorazione, uso di percussori diversi. Tali suoni infondono un immediato stato di quiete e rilassamento. Le vibrazioni sprigionate da questi antichissimi strumenti e i loro effetti sulle persone sono stati studiati anche a livello scientifico, rilevando ad esempio che un soggetto sottoposto a un trattamento con campane tibetane scivola velocemente nello stato alfa, lo stato di onde cerebrali comprese tra 8 e 13,9 hertz tipico del dormiveglia e di situazioni di rilassamento.

La capacità di indurre rapidamente la persona in uno stato di quiete fa sì che la campana possa essere utilizzata per la meditazione, il massaggio sonoro del corpo, l'armonizzazione dei centri energetici, il trattamento dello stress e di forme ansiose. L'effetto rilassante ed equilibrante si produce anche nel caso di meditazioni di gruppo (o semplice ascolto a occhi chiusi dei suoni) e autotrattamenti.

La pulizia delle campane

Le campane, per funzionare bene, devono essere pulite al meglio. Ciò significa che, per ottenere una buona qualità di suono e beneficiare delle vibrazioni emesse da tali strumenti, bisogna assicurarsi di rimuovere il più possibile le tracce di sporcizia presenti su tutta la superficie, sia interna sia esterna.

Specialmente nel caso di una campana antica – ma spesso anche in quelle di recente fabbricazione – la patina di sporcizia potrebbe essere molto accentuata: cera di candele se la campana è stata ad esempio utilizzata nei templi, polvere, incrostazioni di vario tipo. Tali depositi impediscono la corretta propagazione del suono e limitano l'efficacia vibrazionale dello strumento; quindi per prima cosa è necessario provvedere a una pulizia accurata.

In fase iniziale non è possibile evitare i prodotti chimici, in quanto le sostanze naturali non sono in grado di produrre risultati profondi: bisogna dunque infilarsi guanti di gomma, eventualmente una mascherina per non respirare le esalazioni, munirsi di stracci puliti e coprire il tavolo con carta di giornale. Poiché le campane originali, come sappiamo, sono composte da una lega di 7 metalli, un solo detergente per metalli non basta: ce ne vogliono almeno 2-3 diversi, visto che i più comuni sono specifici solo per l'argento, o solo per l'ottone, e così via.

Dopo aver pulito a fondo la campana con i detergenti, conviene lavarla bene con acqua e sapone, quindi ripassarla con una spugna umida e con bicarbonato, in modo da togliere i residui lasciati dalle sostanze chimiche.

Come ultimo trattamento, una volta che l'oggetto è stato asciugato con un panno pulito, è possibile stemperare alcune gocce di un olio essenziale in olio di oliva o in altro olio vegetale, e passare su tutta la campana un pezzo di ovatta o uno straccio imbevuto con tale miscela. L'olio essenziale apporta una nota naturale e contribuisce a rimuovere le tracce di detergente chimico, inoltre "normalizza" o "purifica" la campana da un punto di vista energetico. In un recipiente di vetro si versa un dito di olio vegetale di buona qualità (olio di oliva, di mandorle dolci, di semi di sesamo, di semi di girasole e via dicendo), poi si stillano 10-15 gocce di olio essenziale, si mescola bene e si strofina la miscela sulla campana. Dopo il trattamento con l'essenza aromatica conviene strofinare ancora con un panno pulito per eliminare l'olio in eccesso. A questo punto siamo sicuri che la campana, oltre a essere pulita fisicamente, lo sarà anche energeticamente, e quindi pronta a essere utilizzata. Naturalmente sarà opportuno, di tanto in tanto, pulire la campana come regola di manutenzione: se la sporcizia accumulata con l'uso non è eccessiva si può ricorrere a sapone di Marsiglia, bicarbonato, aceto, succo di limone; altrimenti sarà necessaria una leggera passata con un detergente chimico. Eventualmente si può provare una poltiglia composta da bicarbonato e aceto di vino rosso; o anche una miscela di aceto di vino rosso caldo e succo di limone.

Come oli essenziali si consigliano i seguenti, ma è possibile sceglierne anche altri, purché siano di ottima qualità: Albero del Tè, Eucalipto, Incenso, Lavanda, Limone.

I percussori

Variando il tipo di mazza o batacchio cambia anche il suono emesso dalla campana, quindi è consigliabile disporre di percussori diversi, allo scopo di produrre una più ampia gamma di effetti acustici ed energetici. Percussori adeguati alle campane possono essere reperiti nei negozi di strumenti musicali e su Internet.

MODALITÀ DI PERCUSSIONE

La campana si suona sia percuotendola ripetutamente con percussori di diverso tipo, sia passando il batacchio in legno (nudo oppure solitamente ricoperto di pelle scamosciata), regolarmente lungo il bordo in maniera circolare.

Nel primo caso vengono emesse di solito varie note musicali, rilevabili con uno strumento elettronico chiamato accordatore (vedi paragrafo successivo). Le note prodotte dipendono dalla lega, da come l'oggetto è stato realizzato (se artigianalmente o in fabbrica), dalla forma della campana e dal percussore utilizzato. Le campane più pregiate sono polifoniche, vale a dire che l'accordatore rileva l'emissione di più note contemporaneamente: per esempio, continuando a percuotere la campana con lo stesso batacchio più o meno sul solito punto, si passa in rapida successione attraverso 3-4 note dominanti, a volte anche attraverso un numero maggiore.

Nel secondo caso, quando si strofina il batacchio sul bordo in maniera circolare, lo strumento emette un suono lungo e coinvolgente, e talvolta l'accordatore rileva una sola nota dominante. Suonate con questo secondo sistema alcune campane producono una vibrazione molto forte, che viene percepita sulla mano o sul corpo (secondo la zona dove lo strumento è appoggiato): tale vibrazione rafforza l'effetto terapeutico prodotto dalle altre modalità di percussione.

Attenzione al fatto che non tutte le campane sono facili da suonare con questa seconda modalità: con alcune è molto difficile ricavare il suono sfregando il batacchio in maniera circolare sul bordo, quindi si tenga conto di ciò al momento dell'acquisto.

È dunque possibile ottenere una grande varietà di suoni e di effetti terapeutici utilizzando campane diverse, percussori differenti e le due tecniche di percussione suddette.

Quando si esegue un trattamento, sia su una persona che su un gruppo, bisogna sempre cercare di creare suoni melodici, che siano anche piacevoli all'ascolto: quindi è opportuno conoscere le proprie campane, dosare la forza in modo da percuoterle più o meno intensamente secondo l'effetto che vogliamo ottenere e fare attenzione a non lasciare spazi di silenzio. Conviene non picchiare troppo fortemente sulle campane perché suoni eccessivamente intensi o squillanti potrebbero non essere graditi; inoltre, mentre si passa a suonare altre campane, o mentre le si spostano sui chakra o sul corpo della persona, è necessario fare in modo di mantenere sempre almeno un suono di fondo (anche percuotendo la stessa campana varie volte, a intervalli, mentre si aggiustano le altre), cosicché l'effetto acustico e vibrazionale sia continuativo e non vengano a crearsi momenti di silenzio.

Nella maggioranza dei casi è consigliabile fare uso degli appositi cuscini su cui poggiare le campane: ciò per evitare che la superficie del pavimento (oppure un tappeto, un futon, il rivestimento di un lettino da terapia) assorba il suono senza trasmetterlo correttamente. Il cuscino inoltre è di aiuto anche per mantenere la campana in posizione e limitarne lo scivolamento, quando viene percossa, rispetto alla superficie su cui è collocata. Invece quando la campana viene posizionata direttamente sul corpo della persona il cuscino generalmente non si utilizza, a meno che esso sia necessario per dare stabilità allo strumento in presenza delle curve e delle sinuosità del corpo.

L'accordatore

L'accordatore è un piccolo strumento elettronico funzionante a batterie, acquistabile nei negozi di strumenti musicali. Come dice il nome, serve per accordare gli strumenti: nel caso delle campane tibetane è molto utile possederlo per individuare le note che ciascuna campana emette.

In un ambiente silenzioso si accende l'accordatore e lo si tiene in prossimità della campana: quest'ultima viene percossa ripetutamente sul bordo, prima con un tipo di percussore poi con un altro, quindi si leggono sull'accordatore le note emesse, scrivendole su un pezzo di carta, in relazione all'uso di batacchi diversi. Si poggia quindi la campana sul palmo della mano e si procede a suonarla con il moto rotatorio regolare sul bordo, mentre l'accordatore si trova il più vicino possibile allo strumento. In questo modo ci si può rendere conto se, variando la modalità di percussione, si ottengono variazioni nell'emissione delle note.

È bene possedere una serie di campane che, nell'insieme, producano in maggiore o minore misura tutte e sette le note (eventualmente con differenze in bemolle e in diesis rispetto a ciascuna nota): l'accordatore diventa dunque indispensabile prima di procedere all'acquisto di una nuova campana. È importante comprare campane tali da completare le note mancanti, cioè quelle note che le altre campane di cui siamo in possesso non emettono.

Gli accordatori segnalano le note musicali sempre secondo la convenzione anglosassone-tedesca: le sette note sono indicate con lettere da A a G e non con Do, Re, Mi, eccetera come in Italia. Ecco la tabella di conversione:

A	B	C	D	E	F	G
LA	SI	DO	RE	MI	FA	SOL

La meditazione e il rilassamento di gruppo

Per eseguire trattamenti su un gruppo di persone si può procedere in varie maniere, ma bisogna possedere un minimo di tre campane. Le persone possono stare sedute o distese: naturalmente nel secondo caso il rilassamento è maggiore e gli effetti terapeutici vengono amplificati.

Se i soggetti da trattare rimangono seduti dovranno comunque chiudere gli occhi e mantenere la schiena diritta, verticale, senza assumere posizioni inclinate o scorrette, sia che si appoggino a uno schienale sia che rimangano senza il sostegno di una sedia o di una poltrona. I soggetti possono disporsi formando un cerchio o un semicerchio intorno a colui che suona le campane (in questo caso l'effetto è maggiore, in quanto l'energia sprigionata si concentra grazie alla forma circolare); oppure possono disporsi su più file come a teatro.

Gli stessi suggerimenti riguardo alla disposizione degli ascoltatori si applicano anche al caso che questi ultimi siano distesi su tappeti e futon, avendo però cura che tutte le teste siano rivolte in direzione delle campane e a breve distanza da queste. Stando distesi si assume la posizione supina, cioè con il viso e il petto rivolti verso l'alto.

L'operatore può posizionare le campane in linea retta, oppure formare un semicerchio, o anche un gruppo di campane di forma regolare: la collocazione delle campane dipende dal numero e dalla grandezza di esse, dalle dimensioni dell'ambiente e dal fatto che colui che suona deve averle tutte quante a portata di mano senza doversi alzare o allungare troppo.

Inizialmente le campane vengono suonate tutte, in varie successioni, anche ripetendo per 2-3 volte consecutive la suonata di ciascuna di esse prima di passare alla successiva: la scelta di come suonarle viene lasciata alla sensibilità e all'esperienza dell'operatore. Dopo 15-20 minuti almeno di suono generale delle campane, se il gruppo non è troppo numeroso e se si esegue la modalità con persone distese, è possibile prendere una campana e suonarla appoggiandola direttamente sul corpo di ogni persona, di solito con un primo passaggio sul 3° chakra (plesso solare) e con un secondo passaggio (eventualmente cambiando campana) sul 6° chakra (plesso frontale). Bisogna comunque fare in modo che vi sia sempre almeno un suono costante mano a mano che ci si sposta sulle varie persone, in modo da non creare pause di silenzio: può dunque convenire prendere due campane e, mentre una viene collocata e suonata via via sui vari componenti del gruppo, l'altra viene tenuta a terra vicino all'operatore e suonata ogni tanto come sottofondo.

Queste indicazioni di base verranno poi ampliate e modificate dall'esperienza dell'operatore.

La durata complessiva della meditazione non deve essere inferiore a 30 minuti, altrimenti l'effetto che si produce può essere insufficiente.

Avvicinandosi al termine della seduta di gruppo (ma anche quando

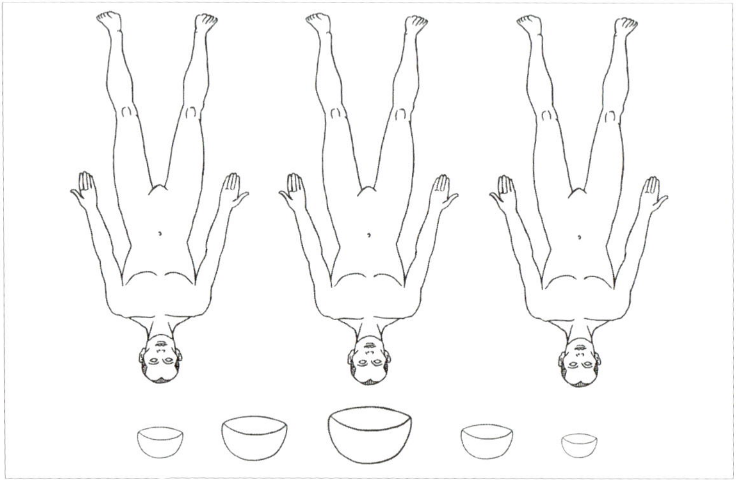

ESEMPIO 1: *l'operatore è seduto davanti alle campane collocate in linea retta ed esegue il trattamento su tre persone distese l'una a fianco all'altra.*

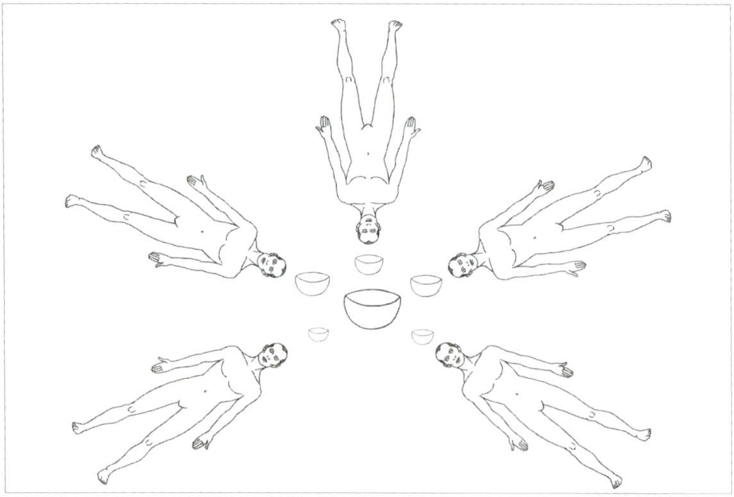

ESEMPIO 2: *cinque soggetti sono distesi a semicerchio; l'operatore sta seduto nel punto libero e suona le campane avendo anche modo di spostarle, avvicinandone una per volta, via via, alla testa di ciascuna persona.*

si tratta di una seduta individuale) è opportuno suonare le campane con intensità via via decrescente, cioè picchiando più leggermente, in modo che i suoni e le melodie si affievoliscano piano piano.

L'autotrattamento

L'autotrattamento si esegue in vari modi. Il sistema più semplice è quello di prendere una campana, appoggiarla sul corpo (su un chakra, su una zona dolente o dove si hanno disturbi) e, rilassandosi su una poltrona o sul letto, suonarla con le due modalità dette in precedenza, anche alternando le modalità tra loro, per almeno 20 minuti o mezz'ora. È anche possibile utilizzare più campane da suonare sullo stesso chakra o sulla stessa zona corporea, l'una dopo l'altra in successione per alcuni minuti.

Se si è in grado di adoperare strumenti radiestesici (pendolino, biotensor) in maniera attendibile, oppure se qualcuno sa eseguire su di noi il test kinesiologico, conviene individuare la campana più adatta in relazione alla zona e allo squilibrio da trattare, in modo da scegliere quella che produce le vibrazioni più appropriate da un punto di vista terapeutico.

Un'altra tecnica prevede di utilizzare tre campane diverse: due ai lati del corpo e una collocata sul corpo nel punto preciso su cui si vuole intervenire. Si effettua in questo modo una triangolazione (argomento spiegato nel paragrafo successivo).

Si sta seduti comodamente su un divano e si posizionano le due campane ai lati delle cosce, una a destra e una a sinistra, assicurandosi che l'imbottitura del divano non assorba il suono: eventualmente si ricorre ai cuscini per campane o si inserisce sotto ciascuno strumento una tavoletta di legno o un altro supporto rigido (per esempio un libro). Le due campane collocate ai lati del corpo vengono suonate solo con la prima modalità, cioè percussione sul bordo; la campana collocata sul corpo può essere suonata in entrambe le maniere, anche girando il batacchio intorno al bordo, ovviamente se ciò è possibile in relazione al tipo di campana. Questa terza campana può essere tenuta sospesa sul palmo della mano allo scopo di facilitare l'emissione del suono quando si sfrega il bordo con il movimento circolare, e appoggiata sulla zona da trattare quando la si percuote. Anche in questo caso la durata dell'autotrattamento non deve essere inferiore a 20 minuti o mezz'ora.

Infine, per intervenire sui chakra anteriori e sul 1° e 7°, si ricorre a una campana non troppo grande, tale da poter essere tenuta sul palmo della mano, che sia facile da suonare anche con il movimento circolare lungo il bordo. Ci si siede comodamente con la schiena diritta e si suona la campana in tre passaggi consecutivi. Durante il primo passaggio la campana viene suonata battendola sul bordo mentre la si tiene per alcuni istanti nella zona del 1° chakra (eventualmente stando a gambe divaricate); quindi si sale al 2° chakra anteriore sollevando la campana e continuando a batterla in maniera regolare; si fa lo stesso sollevandola progressivamente per metterla in linea con i restanti chakra anteriori, e infine la si tiene sopra la testa (senza contatto con la calotta cranica) per agire sul 7° chakra. Bisogna indugiare per qualche istante in prossimità di ciascun chakra mentre si produce il suono. Si esegue quindi il secondo passaggio partendo però dalla testa per scendere: cioè dal 7° centro energetico si ritorna mano a mano verso il basso (in pratica si indugia sul 7° chakra più a lungo, prima di tornare al 6° chakra e via via agli altri sottostanti). Infine il terzo passaggio consiste nel produrre il suono mediante lo sfregamento circolare del batacchio sul bordo: si parte dal 1° chakra, si indugia un po' in prossimità di tale vortice energetico, quindi continuando a suonare in maniera regolare si solleva lo strumento allineandolo al 2° chakra, poi al 3° chakra e così via fino al 7°.

Salendo dal basso verso l'alto (dal 1° chakra al 7°) si produce una tonificazione dell'energia generale, quindi questo procedimento è consigliato in presenza di stanchezza, apatia, mancanza di dinamismo. Viceversa, se invece di partire dal 1° chakra si comincia dal 7° e si scende, si ottiene una dispersione dell'energia della persona, cosa che induce rilassamento, tranquillità: tale metodo è di solito consigliabile in presenza di agitazione, nervosismo, eccesso di attività mentale.

I tre passaggi suddetti possono anche essere eseguiti tutti in un senso (partendo dal basso e andando verso l'alto, o viceversa), senza tornare dal 7° chakra verso il 1° come è stato specificato a proposito del secondo passaggio.

I trattamenti su una persona

Come abbiamo già detto in relazione alla meditazione di gruppo, per effettuare trattamenti su una persona è necessario possedere un minimo di tre campane.

Esistono molti sistemi per intervenire sulle problematiche altrui, e altri possono essere creati dalla sensibilità dell'operatore.

Vediamo alcuni suggerimenti a carattere generale.

La seduta deve durare come minimo 30 minuti, ma il tempo medio è di 50-60 minuti, considerando che spesso il trattamento inizierà prima con il soggetto disteso sulla schiena, poi sdraiato sull'addome.

Durante il rilassamento la persona potrebbe sentire freddo, pertanto può essere opportuno coprirla prima di cominciare: meglio utilizzare tessuti naturali e non sintetici.

Tenere acqua e bicchieri a portata di mano, per far bere la persona a fine seduta.

Con tre campane è possibile eseguire triangolazioni: si dispongono

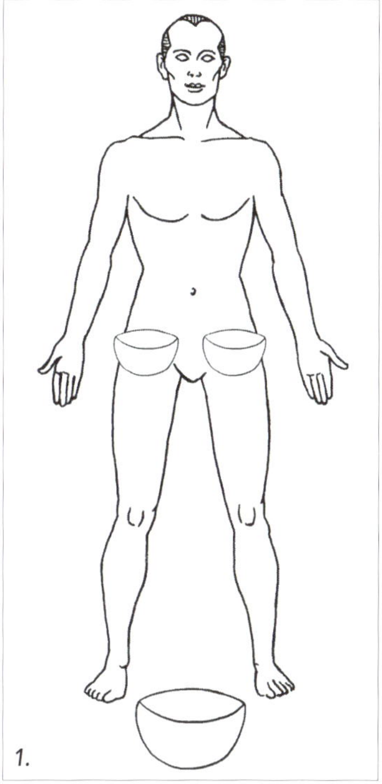

1.

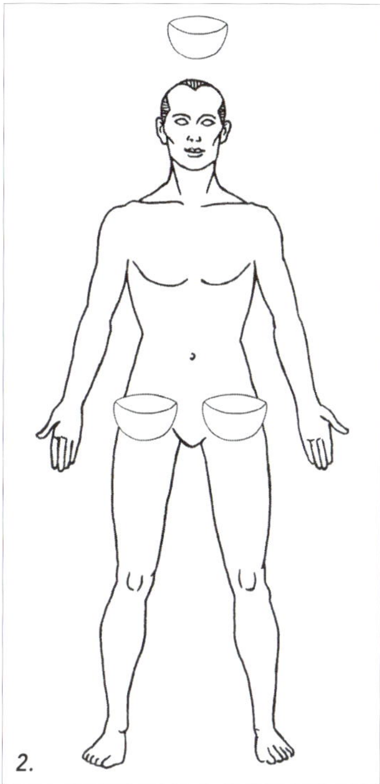

2.

TRIANGOLAZIONE 1*. Effetto di radicamento a terra, intervento sui chakra bassi (1° e 2°). Consigliato a soggetti nervosi, troppo intellettuali o sognatori, che hanno bisogno di rilassarsi. L'energia viene spostata dai piani emotivo e mentale al piano fisico.*

TRIANGOLAZIONE 2*. Effetto di innalzamento dell'energia sui piani emotivo e mentale e sui chakra alti. Consigliato a soggetti lenti, poco dinamici, apatici, stanchi, o anche troppo materialisti, che hanno bisogno di essere stimolati.*

gli strumenti in modo da formare un triangolo, e si suonano con le due modalità spiegate in precedenza, anche cambiandoli di posto (a rotazione, mantenendo la forma del triangolo). La triangolazione è appropriata per trattare in particolare le zone del corpo e i chakra che si trovano all'interno dei vertici del triangolo. Dopo aver suonato le campane

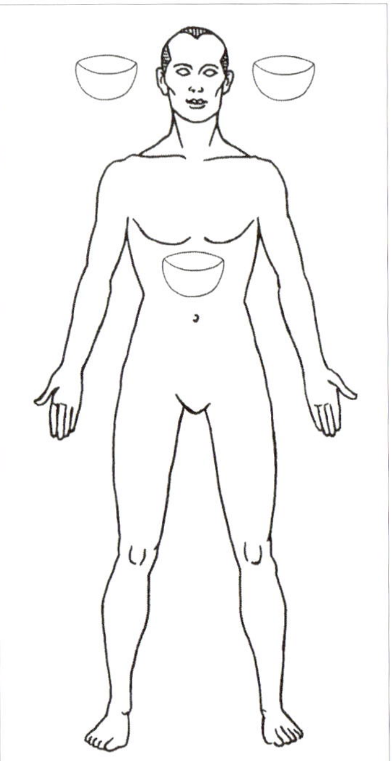

3.

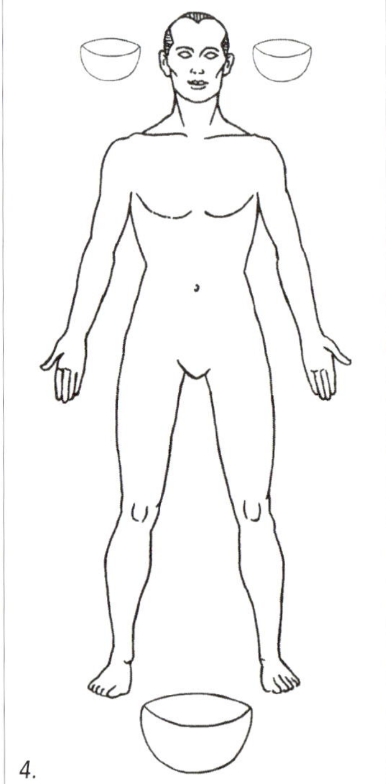

4.

TRIANGOLAZIONE 3. Effetto di spostamento dell'energia dai piani emotivo e mentale (6° chakra) al plesso solare e quindi al 3° chakra, anche per favorire le attività pratiche e le relazioni con le altre persone.

TRIANGOLAZIONE 4. Effetto simile alla triangolazione 1, ma con un'azione più marcata sui chakra dal 6° al 1° compresi.

per alcuni minuti in una triangolazione, è anche possibile spostarle e proseguire il trattamento con un altro metodo.

Non è detto che si debbano trattare sempre i chakra: la seduta apporta benefici anche senza l'intervento diretto sui centri energetici e dona un rilassamento profondo sia fisico che mentale. Le campane, oltre che appoggiate sul corpo e in prossimità di esso, si suonano anche tenendone una sul palmo della mano e sospendendola sui chakra, sul viso e su altre aree della persona. Per suonare una campana di piccole dimensioni con la modalità dello sfregamento circolare sul bordo è necessario tenerla sospesa in mano, altrimenti sul corpo tende a scivolare e a cadere, oppure risulta difficile ottenere il suono con questo sistema.

Bisogna ricordarsi di non lasciare pause di silenzio per tutta la durata del trattamento, quindi attenzione a quando si spostano le campane:

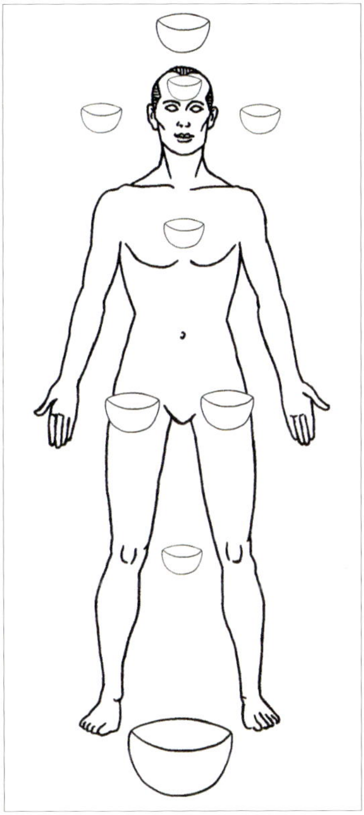

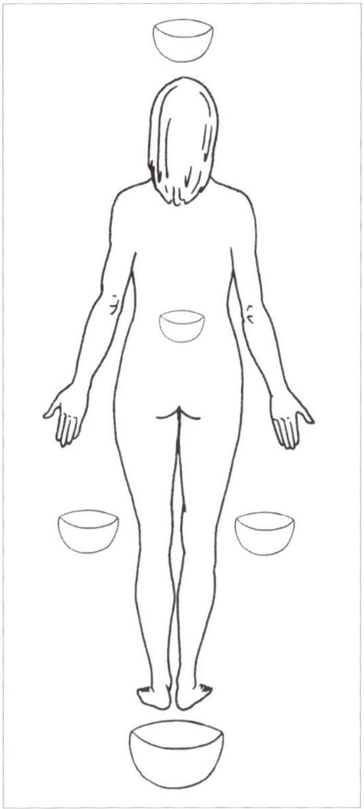

Trattamento articolato con l'utilizzo di numerose campane (a sinistra).
Esempio di trattamento sul dorso (a destra).

suonarne sempre almeno una finché le altre non sono state cambiate di posizione. Inoltre si deve cercare di produrre suoni melodici, gradevoli all'ascolto, e non troppo squillanti o forti come intensità. Eventualmente si può eseguire un crescendo come intensità di suono prodotto, per poi tornare a un "volume" più basso.

Il riequilibrio dei chakra

I suoni delle campane poggiate direttamente sui centri energetici, oppure sospese sul palmo della mano nella zona di un chakra, sono in grado già di per sé di riequilibrare i vortici. Anche l'insieme dei suoni di tutte le campane che si utilizzano durante una seduta, seppure non collocate direttamente sui chakra, contribuisce ad armonizzare questi ultimi.

Se si è in grado di ricorrere alla radiestesia o ai test kinesiologici conviene sempre individuare i chakra disarmonici prima di effettuare la seduta; inoltre sarebbe opportuno testare per ciascun centro energetico la campana più adatta a riequilibrarlo.

L'utilizzo di oli essenziali rafforza l'efficacia delle campane: si stillano 3-4 gocce di un olio su un dischetto di ovatta, quindi il dischetto viene collocato all'interno della campana se questa è poggiata direttamente su un chakra; altrimenti si posiziona il dischetto sul centro energetico che si vuole trattare e si suona la campana (anche più di una) in sospensione sul palmo della mano nella zona del chakra.

Si possono poi impiegare i cristalli di piccole dimensioni, burattati, in maniera analoga agli oli essenziali, e anche contemporaneamente a questi ultimi: dentro la campana per modificarne il suono, fuori della campana sul punto corrispondente al chakra. Unendo nella stessa seduta campane, oli essenziali e cristalli il risultato di riequilibrio energetico è ancora più forte.

Scegliere i rimedi più adatti

Come fare per scoprire se un rimedio tra quelli proposti è veramente appropriato per un chakra? Si può ricorrere a vari sistemi, tra cui il metodo intuitivo, il pendolino e il biotensor, il test kinesiologico.

A titolo di esperimento è possibile scegliere direttamente un rimedio e provare a utilizzarlo su uno o più chakra, secondo le indicazioni date nel capitolo successivo: trattandosi di rimedi "dolci", se utilizzati secondo le opportune modalità essi non creano rischi e dunque si prestano a essere sperimentati anche dai lettori meno esperti.

Per essere sicuri che l'elemento terapeutico scelto sia davvero quello giusto, cioè il migliore per il chakra in oggetto, bisogna tuttavia operare in maniera più attenta. Un sistema per individuare i rimedi adatti è quello intuitivo, che ha il vantaggio di essere piuttosto semplice. Ci si siede comodamente davanti a un tavolo su cui sono collocati i rimedi, avendo cura di non essere disturbati; la schiena deve essere mantenuta diritta, senza però creare tensioni; i piedi devono essere ben piantati sul pavimento e le braccia abbandonate ai lati del corpo. Si chiudono gli occhi e per qualche minuto ci si concentra sul respiro, eseguendo inspirazioni ed espirazioni profonde; si libera la mente da tutti i pensieri e si cerca di percepire soltanto la respirazione, astraendosi dalle preoccupazioni quotidiane; poi si può visualizzare l'energia della Terra che sale dentro il corpo attraverso il 1° chakra, e l'energia del Cielo che scende dall'alto fino a penetrare nel 7° chakra: i due fasci di luce si fondono nel cuore illuminando la persona di un bagliore dorato che porta pace e chiarezza mentale. Oppure si possono visualizzare in successione i colori dei sette chakra, partendo dal rosso per arrivare fino al viola: lo scopo è quello di entrare in uno stato di rilassamento adatto ad attivare le facoltà intuitive. Quando ci si sente pronti si riaprono gli occhi, si pensa al chakra che si vuole armonizzare e ci si lascia guidare dalle proprie sensazioni verso uno o più rimedi.

Se utilizziamo il pendolino per effettuare il test di compatibilità di un rimedio con un vortice disarmonico procediamo come segue, operando indifferentemente su di sé o su di un'altra persona: si nomina a voce alta il chakra e si tiene l'elemento terapeutico nell'altra mano, ponendo la domanda al pendolino. È anche possibile ripartire i rimedi in gruppi e chiedere allo strumento se, in quel determinato gruppo, c'è il rimedio più appropriato per il chakra in questione: una volta individuato il gruppo si testano i singoli rimedi uno a uno.

Biotensor con vari tipi di parte terminale: a spirale conica; ad anello; a spirale piatta; a sfera.

Oltre al pendolino esiste un altro strumento radiestesico più maneggevole, il biotensor. Sebbene non possa essere utilizzato sui grafici, esso risponde come il pendolino con "sì" e "no", permettendo così di verificare la condizione dei chakra e di trovare i rimedi.

Il test kinesiologico viene eseguito da una persona su un'altra per valutare, mediante una reazione di forza o debolezza muscolari, se un prodotto, una sostanza o un alimento sono compatibili con quella persona. Può inoltre essere utilizzato per analizzare la condizione dei chakra. La procedura con la quale effettuare il test kinesiologico è spiegata

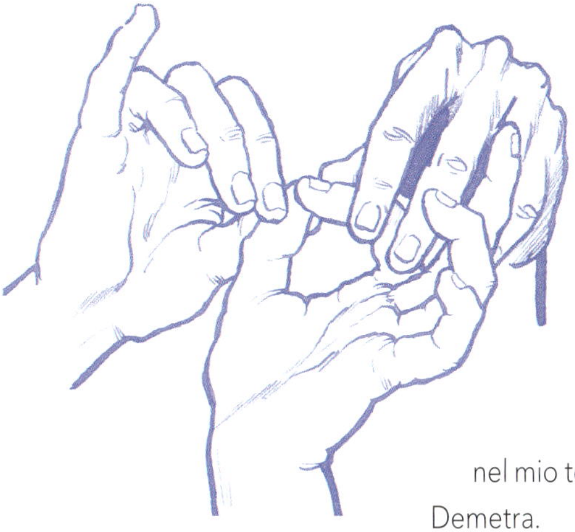

Nel test kinesiologico delle dita è il soggetto che, con i suoi muscoli, dà la risposta circa la compatibilità o meno di un rimedio.

nel mio testo *Fiori di Bach*, Giunti Demetra.

Voglio infine segnalare che i rimedi vibrazionali (floreali, acque dei santuari, essenze di cristalli e prodotti omepatici di qualunque tipo) si inattivano completamente se stanno vicino a campi elettrici o elettromagnetici (corrente elettrica, elettrodomestici, computer): spesso capita che siano già scarichi quando li si compra in farmacia o in erboristeria, perché il negoziante o il distributore li ha tenuti per delle giornate accanto a un computer. Se sono scarichi non funzionano, è inutile utilizzarli. Si dovrebbe pertanto essere in grado di effettuare un test per controllare se il rimedio è carico. Molto spesso con l'omeopatia e i rimedi analoghi non si ottengono risultati per questo motivo, anche se i prodotti sono stati ben scelti; prima di aprire la confezione, se attraverso la radiestesia o i test muscolari ci si accorge che il rimedio è scarico, bisogna tornare al negozio e farselo cambiare. Per tali rimedi la distanza di sicurezza da congegni elettrici o elettronici, da lampade, televisori e via dicendo, è di 1-2 metri, secondo le dimensioni dell'apparecchio (e quindi secondo l'intensità del campo elettrico o elettromagnetico che viene generato). Gli oli essenziali non vengono inattivati, pertanto con quelli si può operare in tutta tranquillità.

Come armonizzare i chakra

Per trattare i chakra esistono vari modi, dallo yoga all'utilizzo di rimedi naturali. Vediamo in maniera approfondita alcune tecniche, tenendo presente che si può operare da soli o con l'aiuto di un'altra persona.

Si propongono varie soluzioni per armonizzare i chakra. Consultando le schede dei cristalli e degli oli essenziali in fondo al volume, anche il lettore meno esperto potrà farsi un'idea delle loro proprietà e orientarsi su alcuni di essi per intervenire sui vortici energetici, sia sui propri sia su quelli di un'altra persona.

I cristalli

I cristalli sono conosciuti da millenni per la loro efficacia terapeutica: le antiche civiltà facevano un uso ritualistico molto frequente di pietre preziose e semipreziose.

Per attuare gli interventi sui chakra si fa ricorso generalmente ai cosiddetti "cristalli burattati", cioè a quei minerali arrotondati e levigati artificialmente mediante apposite macchine: la lavorazione in cilindri contenenti polveri abrasive, che ruotano a velocità costante, fa sì che essi si smussino e acquistino lucentezza. Al contrario alcuni minerali, come l'aragonite arancione e le tormaline, vengono venduti non burattati.

Sia che si voglia lavorare su di sé, sia che si operi sugli altri, sarà opportuno crearsi un corredo di pietre adatte ai trattamenti di armonizzazione, in quanto prima di poter riutilizzare lo stesso cristallo in un nuovo trattamento esso dovrà essere purificato. Inoltre è buona norma possedere esemplari di dimensioni diverse, dai più piccoli ai più grandi, per una maggiore comodità quando dovremo posizionarli su spazi del corpo ristretti (per esempio sul 6° chakra). Una purificazione più incisiva è necessaria quando le pietre vengono reperite per la prima volta, in modo da annullare le vibrazioni negative che esse potrebbero avere assorbito prima di giungere a noi. Sconsiglio altri sistemi rispetto a quelli descritti sotto (come per esempio sale, druse di ametista, incenso, reiki), poiché non sono efficaci oppure potrebbero danneggiare le pietre.

- **Purificazione sotto argilla.** In un recipiente di vetro (bicchiere o ciotola) mettere uno strato uniforme di argilla in polvere senza aggiunta di acqua; collocarvi sopra i cristalli, distanziandoli; ricoprirli completamente di argilla e mantenerli in posizione *come minimo per 48 ore consecutive,* lontano da campi elettromagnetici (corrente, elettrodomestici, computer, cellulari: 1-2 metri di distanza). Trascorse le 48 ore lavare accuratamente ciascun cristallo con acqua e sapone neutro, quindi asciugarlo con carta morbida da cucina o con un tessuto di cotone. A questo punto il cristallo è pulito e può essere utilizzato.

Il tempo di 48 ore sotto argilla è necessario quando si purificano i cristalli la prima volta, dopo l'acquisto; per purificarli dopo che sono stati impiegati in un trattamento è sufficiente metterli sotto argilla *per almeno 3 ore.*

- **Purificazione con aceto e olio essenziale di timo rosso.** In un recipiente di vetro (bicchiere o ciotola) versare 2 dita di aceto di vino o di mele, aggiungere 5-6 gocce di olio essenziale di timo rosso e agitare bene affinché l'aceto stemperi l'olio essenziale. Se si devono purificare cristalli di grandi dimensioni aumentare in proporzione la quantità di aceto e le gocce di olio essenziale. Versare quindi acqua in modo che il livello del liquido ricopra completamente i cristalli che devono essere purificati; inserire i cristalli nel recipiente contenente la miscela e mantenerli in posizione *come minimo per 8 ore consecutive*, lontano da campi elettromagnetici. Lavare e asciugare ciascun cristallo come detto sopra. Le 8 ore consecutive sono necessarie quando i cristalli vengono purificati la prima volta, dopo averli acquistati; la purificazione con questo sistema dopo che i cristalli sono stati utilizzati in un trattamento si riduce al tempo minimo di *20 minuti*. Pietre da non purificare con questo sistema perché potrebbero rovinarsi: crisocolla, fluorite policroma, lapislazzuli, lepidolite, malachite.

Dopo la purificazione i cristalli sono pronti all'uso e non necessitano di altri interventi. Contrariamente a quanto io stesso ho affermato in passato, attenendomi anche a informazioni riportate nei libri di cristalloterapia, i test kinesiologici e radiestesici hanno indicato che i cristalli non devono essere "attivati" né alla luce del sole né a quella della luna, né trattati in altro modo. Se si vuole beneficiare della vibrazione tipica del cristallo è del tutto sconsigliato esporlo a fonti di energia (oltre a sole e luna è bene evitare reiki, pranoterapia, circuiti radionici, tavolette vitalizzanti e quant'altro). Non è detto che l'esposizione al sole o alla luna sia negativa: talvolta potrebbe essere di aiuto, ma bisogna verificare se ciò sia giusto secondo i casi. Per utilizzare la vibrazione specifica di un cristallo si deve solo purificarlo accuratamente: se voglio l'energia del quarzo rosa, devo ricorrere a un quarzo rosa che sia semplicemente pulito, non a un quarzo rosa "alterato" o "trasformato" dall'energia del sole o da quella della luna.

MODALITÀ DI UTILIZZO DEI CRISTALLI SUI CHAKRA

Per i vortici i cui punti di contatto con il corpo vengono abitualmente nascosti dai vestiti il sistema più semplice consiste nell'applicare il cristallo direttamente sulla pelle, nel punto corrispondente al chakra, e te-

nerlo addosso inizialmente per qualche ora, poi, se lo si reputa opportuno, per tutta la giornata. Gli abiti provvederanno a nascondere la pietra alla vista, mentre per quanto riguarda il primo chakra si può tenerla dentro la biancheria intima. Più difficile è utilizzare le pietre sui chakra 6° e 7°, poiché non si possono nascondere: si dovrà allora ricorrere alla seduta di rilassamento descritta più avanti, oppure si penserà a collocare il cristallo sotto al cuscino durante il riposo notturno. Per tenere fermo il cristallo sulla pelle si può usare un cerotto, o meglio ancora il nastro adesivo specifico da bendaggi che si acquista in farmacia. Se dopo qualche ora il cristallo comincia a dare fastidio lo si tolga e si riprenda l'applicazione il giorno successivo.

Gli oli essenziali

L'uso degli oli essenziali che viene qui proposto rientra nella cosiddetta *aromaterapia sottile*: le essenze non vengono assunte per bocca, poiché l'aroma è inteso come frequenza o informazione energetica capace di produrre effetti sul campo energetico umano.

La Farmacopea Francese del 1972 contempla diverse modalità con cui estrarre gli oli essenziali, tuttavia oggi la maggioranza delle essenze viene ricavata per distillazione in corrente di vapore. Per quanto riguarda la qualità degli oli essenziali e l'affidabilità della ditta produttrice, ecco alcuni suggerimenti: la dicitura "olio naturale" in etichetta non ha alcun significato di tipo legale; per essere sicuri che si tratti di un prodotto di alta qualità l'etichetta deve riportare la frase "olio essenziale puro al 100%". Inoltre deve essere presente l'indicazione del procedimento attraverso il quale l'olio è stato ottenuto. Il buon produttore, infine, dovrebbe anche segnalare da quale Paese proviene la pianta da cui si ricava l'essenza in questione.

Un olio essenziale naturale presenta variazioni all'olfatto: per esempio, all'inizio può sembrare amaro, poi riannusandolo sembra diverso, si notano variazioni di flusso, l'aroma cambia; al contrario, un olio essenziale di sintesi ha un aroma costante, lo si annusa e lo si riannusa ed è sempre lo stesso, non evapora, si conserva a tempo indeterminato. Queste indicazioni servono dunque a distinguere se un olio è naturale oppure ricavato chimicamente. Mettendo alcune gocce di un'essenza sulle mani e strofinandole, se le mani rimangono untuose anche dopo qualche minuto significa che l'olio non evapora, quindi non si tratta di un olio puro ma di un olio miscelato con un vettore oleoso. Analogamente, se versiamo alcune gocce di un'essenza naturale sulla carta noteremo che essa dopo un po' evapora e la carta ritorna asciutta, eventualmente mostrando un alone colorato tipico di quell'essenza; ma se l'olio non si asciuga e la carta rimane untuosa, si può essere certi che si tratta di un olio sintetico. Gli oli prodotti sinteticamente, con procedimenti di laboratorio, sono inefficaci a livello terapeutico: pertanto se ne sconsiglia sempre l'uso.

L'assunzione per via orale degli oli essenziali è vivamente sconsigliata, perché può avere effetti tossici; si eviti sempre anche l'applicazione delle essenze non diluite sulla pelle, dato che possono risultare caustiche. Gli oli ricavati dagli agrumi non devono essere utilizzati sulla pelle (neppure diluiti) prima dell'esposizione al sole, poiché attirano i raggi solari. Come antidoto alle essenze recepite attraverso l'olfatto, cioè per annullare l'effetto degli oli che fanno girare la testa e creano sensazioni di disagio, si può annusare polvere di caffè o caffè in chicchi.

MODALITÀ DI UTILIZZO DEGLI OLI ESSENZIALI SUI CHAKRA

Volendo armonizzare un chakra mediante un olio essenziale se ne versano 3-4 gocce su un tampone di ovatta (comodi sono i dischetti che si usano per struccarsi) e si colloca il tampone sul chakra interessato, sopra ai vestiti. Il tampone deve essere mantenuto in posizione per almeno 30 minuti mentre la persona si rilassa. Con questa modalità è sufficiente una sola applicazione al giorno.

Un altro metodo per trattare i vortici energetici o l'organismo in generale consiste nel massaggio: si prende un flaconcino di vetro scuro da 30 ml, dotato di contagocce, e lo si riempie quasi del tutto con un olio vettore (olio di mandorle dolci, jojoba, sesamo, mais); si aggiungono

LE TRE CATEGORIE DEGLI OLI ESSENZIALI

□ **OLI DI BASE**. Sono quelli ricavati dalla corteccia e dalla radice, conosciuti dalla tradizione e segnalati dal simbolo del quadrato. La nota di base è calda, lenta e pesante: ciò significa che l'essenza ha una frequenza energetica bassa ed evapora lentamente. Se l'olio è di buona qualità può durare fino a 24 ore. Le essenze di base radicano le energie e ci collegano con la Terra, esplicando un'azione stabilizzante, rilassante e sedativa; tra queste abbiamo patchouli, sandalo legno e vetiver.

○ **OLI DI CUORE**. Si ottengono dalle parti aeree della pianta, come fiori e petali; segnalati dal simbolo del cerchio, possiedono una frequenza intermedia ed evaporano con tempi intermedi, cosicché possono durare 4-6 ore. Le essenze di cuore sono intense e sensuali, tendono a riequilibrare le energie fisiche e psichiche e agiscono sull'affettività; esempi sono lavanda, mirto e rosa.

△ **OLI DI TESTA**. Ricavati dagli agrumi e dalle bucce dei frutti, il loro simbolo è il triangolo. Evaporano molto rapidamente, sono caratterizzati da una frequenza rapida, dinamica. La loro durata è di circa 2 ore. Queste fragranze spingono le energie verso l'alto, verso il piano mentale; hanno un effetto dinamizzante, stimolante e rinfrescante, particolarmente adatto alle attività intellettuali. Esempi: bergamotto, limone, mandarino rosso.

quindi 10-12 gocce di olio essenziale puro, si agita bene e, massaggiando, si applica la miscela direttamente sulla pelle, nel punto corrispondente al chakra o anche in zone più ampie. È bene non superare questo dosaggio per evitare di sovraccaricare il soggetto che riceve il massaggio e incorrere così in effetti indesiderati. Al posto dell'olio vettore si può ricorrere al gel elettroconduttivo per ecografie, reperibile in farmacia, mantenendo la proporzione di 10-12 gocce di olio essenziale per circa 30 ml di gel. Questo prodotto, essendo a base di acqua, non unge e non macchia, mentre si presta benissimo a stemperare le essenze aromatiche: bisogna però spremere una certa quantità di gel in un barattolino (meglio se di vetro), stillare le gocce di essenza e mescolare impastando bene con un cucchiaino di legno, plastica o vetro (evitare il metallo). Il massaggio con gli oli essenziali, analogamente alla prassi di annusare gli aromi ripetutamente, è sempre da evitare nelle donne in gravidanza, nei soggetti che soffrono di disturbi psichici gravi, nelle malattie renali e in tutte quelle persone le cui condizioni di salute siano molto delicate. In generale, anche il massaggio deve essere effettuato sul punto corrispondente al chakra almeno una volta al giorno.

L'autotrattamento

Per eseguire una seduta di armonizzazione dei chakra su se stessi è importante togliersi tutti i metalli (anelli, bracciali, collane, cintura) e anche l'orologio; nelle immediate vicinanze non dovranno essere presenti telefoni cellulari (anche se spenti), computer e altre apparecchiature che generano campi elettromagnetici. Durante la seduta, per effetto del rilassamento, si potrebbe sentire freddo, quindi può essere consigliabile coprirsi con una coperta in tessuto naturale prima di posizionare i cristalli e i tamponi con le essenze. Volendo, si può mettere in sottofondo una musica dolce, che favorisca il rilassamento. Stendersi comodamente e posizionare i cristalli e i tamponi con gli oli essenziali sui corrispondenti chakra disarmonici, direttamente sugli abiti o sulla coperta (evitare capi in tessuti sintetici e con cerniere lampo, specialmente lungo la linea mediana verticale del corpo). Per i chakra 1° e 7° è necessario collocare i rimedi (si può utilizzare contemporaneamente una pietra e un olio essenziale sullo stesso centro energetico) su un piccolo supporto di materiale naturale, tra le gambe e vicino alla sommità della testa, in modo da allinearli con il chakra: si può ricorrere a cestini di vimini rovesciati, scatoline rovesciate di cartone o legno. Una volta che i rimedi sono in posizione si esegue la centratura e si attiva la canalizzazione pranica, poggiando poi le mani sulle parti del corpo che si desidera trattare. Bisogna rilassarsi per almeno 30 minuti; la seduta deve essere effettuata in media 2-3 volte alla settimana. Al termine, porre i cristalli in un recipiente di vetro per purificarli con uno dei metodi descritti in precedenza; gettare via i tamponi con gli oli essenziali.

Se durante la seduta si provano un senso di oppressione o fastidi in una zona del corpo dove sono posti i rimedi, si può procedere in due modi: se il fastidio è leggero, conviene interpretarlo come un segnale che i rimedi stanno facendo effetto e dunque proseguire con il rilassamento; se al contrario la sensazione sgradevole è molto intensa si consiglia di interrompere la seduta rimuovendo tutti i rimedi. Il giorno successivo si potrà riprovare con gli stessi rimedi per vedere se le sensazioni fastidiose si attenuano (segno che i chakra hanno rilasciato tossine e cominciano a riequilibrarsi); oppure si prenderà in considerazione l'eventualità di trattare quei vortici diversamente (al limite con la sola pranoterapia).

Si ricordi che se uno o più dei chakra posteriori presentano squilibri il soggetto dovrà sdraiarsi sul ventre e applicare i rimedi sulla schiena, seguendo le stesse modalità indicate in precedenza e facendosi aiutare eventualmente da un'altra persona; inoltre conviene controllare anche i ventuno chakra minori, specialmente quelli di piedi e ginocchia (come vortici complementari al 1° chakra), e quelli di fegato e milza-pancreas. Se con il pendolino si rilevano disarmonie nei centri energetici minori, si provveda a trattare anche quelli.

Il trattamento su un'altra persona

Si seguono le modalità descritte sopra per l'autotrattamento, ma la seduta avrà una durata di 40-50 minuti, eventualmente facendo girare la persona se è necessario intervenire anche sui chakra posteriori. Di solito è sufficiente una seduta alla settimana, ma in casi più impegnativi le sedute settimanali possono essere due.

In questo tipo di trattamento è possibile sostituire ai cristalli e agli oli essenziali altri elementi terapeutici adatti a riequilibrare i chakra, come i rimedi floreali e le campane tibetane; oppure si può optare per un sistema misto che includa le modalità d'intervento preferite.

La durata dei trattamenti

Il tempo necessario per armonizzare i chakra con i rimedi e le tecniche descritti non può essere stabilito a priori, poiché è variabile da persona a persona, anche in relazione alla profondità dello squilibrio. In generale si consiglia di continuare le applicazioni per uno o due mesi, in modo da ottenere una certa stabilizzazione del vortice energetico, quindi si fa una pausa di qualche settimana e si riprende il trattamento per un ciclo successivo. Da controlli periodici effettuati con il pendolino potremo comprendere se il chakra è stato armonizzato e se tale armonizzazione si mantiene stabile, o se invece è necessario ripetere il trattamento.

Concludendo, bisogna dire che oltre ai metodi qui segnalati per agire sui chakra ne esistono altri. Il principale è lo yoga, specialmente lo hatha yoga, che conosce moltissime *asana* (cioè "posture") specifiche per correggere i problemi dei vortici energetici maggiori. Oggi si trovano in commercio libri che illustrano le posizioni yoga e le tecniche di respirazione adatte a influenzare i chakra, quindi è sempre possibile sperimentarne l'efficacia in maniera individuale; oppure si potrà ricorrere a lezioni con un maestro di quest'antica disciplina.

Abbiamo poi i fiori di Bach, con i quali possiamo correggere le disarmonie di un vortice energetico, nebulizzando sul punto del corpo fisico corrispondente all'ingresso del chakra una miscela di acqua e del rimedio scelto. Il chakra deve ricevere almeno 4 nebulizzazioni nella stessa giornata, quindi è necessario tenere a portata di mano il flaconcino nebulizzatore e provvedere, di tanto in tanto, a spruzzare direttamente sopra i vestiti la miscela a 15-20 centimetri di distanza dal punto del corpo dove il chakra è collocato. Un altro sistema consiste nell'applicare almeno 4 gocce del rimedio puro sulla pelle nel punto di ingresso del chakra da riequilibrare, spanderle con le dita e aspettare che si asciughino. L'applicazione deve essere ripetuta almeno 4 volte nella stessa giornata. Questo non esclude la contemporanea assunzione dei fiori per bocca: il fatto di optare per quest'ultima possibilità dipenderà dalla sensibilità dell'operatore e dalle sue conoscenze di floriterapia. Nelle schede dei sette chakra maggiori troverete i rimedi floreali più adatti per ciascun centro energetico.

Interessanti, e utilizzabili alla stessa maniera dei fiori di Bach, sono le essenze di cristalli prodotte da una nota azienda italiana: potete cercarle su Internet e ordinarle in farmacia. Tutti gli altri rimedi vibrazionali non citati in questo libro, omeopatici o ricavati in altro modo, si prestano al riequilibrio dei chakra, ma è importante saper scegliere quelli giusti.

Cercate di realizzare la **forza**
che è in voi, cercate di farla
uscire; in tal modo vedrete
che tutto ciò **che fate**
non viene da voi ma da quella
verità che sta dentro voi...
perchè non siete **voi**, ma
qualcosa all'**interno** di **voi**.

Sri Aurobindo

schede dei rimedi

Profilo terapeutico di 30 cristalli

Le proprietà dei cristalli più economici e più facilmente reperibili descritte in maniera pratica e sintetica. Ciascuna pietra agisce su alcuni aspetti specifici e può essere adoperata in modi differenti.

Agata di fuoco

❖ **Disturbi fisici** esercita azione drenante e come tale può servire per bruciare le tossine accumulate negli organi; inoltre è utile come tonico generale in casi di stanchezza, debolezza fisica. Si tratta di una pietra adatta a corroborare, infondere forza e vitalità.

❖ **Disarmonie psico-emotive** poiché l'agata di fuoco elimina le energie stagnanti, si utilizza per ripulire il piano emozionale e la mente da sensazioni e pensieri inappropriati, o da informazioni che creano squilibri.

❖ **Chakra** è adatta genericamente a tutti i chakra, maggiori e minori.

Aragonite arancione

❖ **Disturbi fisici** problemi sessuali di vario tipo; squilibri dell'apparato genitale maschile e femminile: infiammazioni, eruzioni cutanee, blocchi e rallentamenti delle normali funzioni fisiologiche.

❖ **Disarmonie psico-emotive** stanchezza o perdita di motivazione nella sessualità; impotenza, frigidità. Favorisce la concentrazione mentale e aiuta a sviluppare il senso del piacere anche in ambiti diversi dalla sessualità (per esempio nell'alimentazione e nelle discipline artistiche o creative).

❖ **Chakra** l'aragonite arancione è il cristallo di base per trattare il 2° centro energetico maggiore e i chakra minori di testicoli/ovaie.

Calcedonio azzurro

❖ **Disturbi fisici** raffreddore, bronchite, tosse, asma e altre affezioni che colpiscono polmoni e alte e basse vie respiratorie.

❖ **Disarmonie psico-emotive** adatto a persone con problemi di comunicazione a vari livelli, a coloro che non riescono a esprimersi bene (anche da un punto di vista creativo, per esempio attraverso un hobby o un'attività artistica), a chi ha difficoltà nel lavoro e nelle relazioni interpersonali.

❖ **Chakra** agisce in modo particolare sul 5° e sul chakra minore situato sullo sterno nel punto di congiunzione delle clavicole.

Copale

❖ **Disturbi fisici** poiché esplica azione riscaldante è indicato in soggetti freddolosi, che hanno mani e piedi freddi e che soffrono abitualmente di squilibri della termoregolazione. Malattie di vario tipo collegate a insoddisfazione, frustrazione, mancanza di gioia.

❖ **Disarmonie psico-emotive** il copale, resina sub-fossile simile all'ambra, è capace di stimolare la gioia e l'allegria: infonde un atteggiamento rilassato e sereno nei confronti di cose, persone, esperienze e situazioni. Incrementa la soddisfazione in ciò che si fa.

❖ **Chakra** cristallo appropriato per il 4° chakra principale e per il chakra minore del timo.

Crisocolla

❖ **Disturbi fisici** squilibri della tiroide, di qualunque tipo: iper e ipotiroidismo, alterazioni degli ormoni tiroidei, formazione di noduli. Affezioni delle corde vocali. Utile per controllare i livelli di colesterolo.

❖ **Disarmonie psico-emotive** la crisocolla si rivolge a chi ha problemi nell'esprimere la propria creatività ed è caratterizzato da problemi sia affettivi sia di espressione e comunicazione: persone che parlano poco o troppo, soggetti introversi o troppo esuberanti. Da tenere presente nella balbuzie.

❖ **Chakra** agisce sul 4° e sul 5°, oltre al vortice minore situato sullo sterno nel punto di congiunzione delle clavicole.

Crisoprasio

❖ **Disturbi fisici** può essere utile nei problemi dell'apparato cardiocircolatorio.

❖ **Disarmonie psico-emotive** per individui dal "cuore freddo", privi di coinvolgimento affettivo, poco passionali, carenti di compassione e sensibilità. Scarsamente propensi a fare le cose con amore, questi soggetti sono egoisti e calcolatori: il crisoprasio li aiuterà a rilassarsi e ad acquisire comportamenti affettuosi.

❖ **Chakra** agisce sul 4°. Indicato anche per i due chakra minori dei seni.

Eliotropio

❖ **Disturbi fisici** intossicazioni del sangue, gotta, problemi circolatori.

❖ **Disarmonie psico-emotive** adatto a soggetti che si fanno influenzare troppo dagli altri, soprattutto a livello affettivo o a coloro che sono troppo disponibili nei confronti di altre persone e si lasciano facilmente sfruttare. Per chi è sopraffatto da questioni legate all'amore, agli affetti, ai rapporti di parentela, e le vive con ansia e sofferenza.

❖ **Chakra** cristallo adatto al 1° e al 4° centro energetico, si utilizza anche sui chakra minori di piedi, ginocchia, timo e seni.

Fluorite policroma

❖ **Disturbi fisici** utile negli squilibri del metabolismo del calcio, la fluorite multicolore è di aiuto anche in numerose affezioni della vista.

❖ **Disarmonie psico-emotive** crea ordine e disciplina mentale, promuove la corretta visione di cose, persone, situazioni. Per soggetti confusi, disorientati, caotici; per coloro che hanno scarsa consapevolezza di sé.

❖ **Chakra** viene impiegato come cristallo di base per trattare il 6° chakra principale e i due chakra minori degli occhi.

Granato piropo

❖ **Disturbi fisici** agisce sulla termoregolazione dell'organismo (soggetti calorosi o freddolosi, vampate di calore della menopausa); può essere indicato in alcune eruzioni pruriginose e in certe infiammazioni che colpiscono la pelle e l'apparato genitale, dovute a un eccesso di calore interno. Talvolta è di aiuto in presenza di geloni.

❖ **Disarmonie psico-emotive** consigliabile quando si affrontano difficoltà esistenziali, per rafforzare il fuoco interiore e armonizzare i conflitti relativi all'affermazione di sé. Induce perseveranza nelle azioni e nei propositi. Rimedio indicato anche per intervenire sulla sessualità, per esempio nel caso di inibizioni sessuali.

❖ **Chakra** agisce sul 1° e sul 4°. Da tenere presente per trattare i seguenti chakra minori: piedi, ginocchia, testicoli/ovaie, timo.

Kunzite

❖ **Disturbi fisici** la kunzite rafforza il sistema cardiovascolare e i polmoni.

❖ **Disarmonie psico-emotive** per chi si sente abbandonato e pensa di dover affrontare da solo i problemi e le situazioni difficili: questo cristallo mitiga la tristezza e allontana lo scoraggiamento, inducendo la persona a sentirsi protetta e sostenuta.

❖ **Chakra** adatta al 4° vortice e ai centri minori dei seni.

Lapislazzuli

❖ **Disturbi fisici** regola la tiroide e le sue funzioni. Utile contro le laringiti, le infiammazioni della gola e delle corde vocali.

❖ **Disarmonie psico-emotive** potenzia la creatività, accresce la spiritualità, stimola la sensibilità, induce a esprimersi con maggiore slancio e a comunicare meglio. Favorisce l'autoanalisi e l'introspezione, aiutando a far emergere ciò che giace in profondità nell'inconscio. Indicato in soggetti timidi, balbuzienti, ansiosi, che non riescono a parlare in maniera fluente.

❖ **Chakra** agisce sul 5°. Talvolta può essere utilizzato anche sul 6° chakra principale e sui chakra minori degli occhi.

Lepidolite

❖ **Disturbi fisici** agisce contro i disturbi delle articolazioni, nelle infiammazioni muscolari e nei dolori della sciatica.

❖ **Disarmonie psico-emotive** stimola le capacità di selezione, in modo che l'individuo possa capire cosa è davvero utile per lui. Aiuta a concentrarsi sulle cose essenziali e a portarle avanti, senza farsi distrarre da persone, problemi o situazioni. Esplica azione antidepressiva.

❖ **Chakra** si rivolge particolarmente al 7° centro energetico e ai due chakra minori delle orecchie.

Malachite

❖ **Disturbi fisici** utile nel caso di gonfiori e infiammazioni generiche, soprattutto legate a squilibri del sangue. Da tenere in considerazione nelle tachicardie e nella fragilità dei capillari.

❖ **Disarmonie psico-emotive** amplifica lo spirito di amicizia e l'empatia: aiuta a mettersi nei panni altrui per meglio comprendere i bisogni e i sentimenti delle persone con cui si intrattengono relazioni di qualunque tipo (per esempio anche nell'ambito lavorativo). Rende più affettuosi e disponibili verso gli altri.

❖ **Chakra** cristallo consigliato per il 4°. In alcuni casi la malachite può risultare appropriata per intervenire sul chakra minore del fegato.

Mookaite

❖ **Disturbi fisici** debolezza delle ghiandole surrenali. Disturbi digestivi, intolleranze alimentari. Ristagni del sistema linfatico.

❖ **Disarmonie psico-emotive** accentua il desiderio di avventura, induce a ricercare nuove esperienze, favorisce cambiamenti di vario tipo. Indicato nelle persone intellettualmente pigre, poco curiose, allo scopo di spingerle a guardarsi intorno e a cercare nuovi interessi. Utile per scegliere le cose giuste, per effettuare una selezione tra numerosi stimoli, idee o proposte.

❖ **Chakra** agisce sul 1° e sul 3°. Cristallo appropriato anche per i seguenti chakra minori: piedi, ginocchia, mani, plesso solare, milza-pancreas.

Opale di fuoco

❖ **Disturbi fisici** rimedio da non trascurare in presenza di calcoli renali, insufficienza renale, squilibri dell'apparato genitale maschile e femminile, freddolosità, debolezza, affaticamento cronico.

❖ **Disarmonie psico-emotive** l'opale di fuoco rafforza l'energia di base dell'organismo ed esplica effetti riscaldanti. Rasserenante e tranquillante nel caso di paure e sindromi depressive, rende più spensierati.

❖ **Chakra** si utilizza soprattutto sul 2° centro energetico maggiore, ma anche sui vortici minori di testicoli/ovaie e su quelli delle mani.

Pietra di luna

❖ **Disturbi fisici** la pietra di luna è adatta a riequilibrare la milza-pancreas e l'apparato digerente. Può essere il cristallo appropriato per intervenire nei problemi dell'apparato genitale femminile.

❖ **Disarmonie psico-emotive** indicata in temperamenti lunatici, volubili, caratterizzati da sbalzi dell'umore e da alti e bassi dell'energia psicofisica. Rende più costanti nei propositi.

❖ **Chakra** utile per il 2° e il 3°, si usa anche sui centri minori di ovaie, stomaco, plesso solare e milza-pancreas.

Pietra di sole

❖ **Disturbi fisici** agisce sugli squilibri della termoregolazione, stimola l'apparato digerente. Può essere utile nelle eruzioni cutanee causate da intossicazione alimentare e da stress.

❖ **Disarmonie psico-emotive** genera gioia di vivere, rende più solari e ottimisti, rasserena l'animo. Induce a trovare piacere e soddisfazione

nelle attività quotidiane. Armonizza il sistema neurovegetativo. Da sperimentare nel caso di disarmonie sessuali di vario tipo.

❖ **Chakra** agisce sul 2° e 4°. Chakra minori: piedi, ginocchia, mani, stomaco.

Quarzo ametista

❖ **Disturbi fisici** mal di testa di vario tipo, dalle emicranie alle cefalee a grappolo: in tal caso si può massaggiare con un cristallo burattato le zone dolenti. Può essere efficace anche nel mal di denti, in attesa di recarsi dal dentista. Disturbi psicosomatici imputabili allo stress o a sindromi depressive.

❖ **Disarmonie psico-emotive** azione antidepressiva, calmante e confortante riguardo a dispiaceri di vario genere. Rimedio antistress indicato in soggetti ipereccitati, nevrotici, o in coloro che si sentono sopraffatti dagli impegni. Induce una visione distaccata delle situazioni e potenzia la spiritualità.

❖ **Chakra** agisce sul 7°. Talvolta è consigliabile anche per il 6° chakra (soprattutto posteriore) e per armonizzare i centri minori delle orecchie.

Quarzo fumé

❖ **Disturbi fisici** agisce sulla milza-pancreas, soprattutto in caso di deficit energetico. Stimola il sistema immunitario, pertanto è da tenere in considerazione nelle affezioni virali. Può essere indicato per limitare i danni derivanti dal fumo di tabacco e per trattare alcuni disturbi dei polmoni e delle alte e basse vie respiratorie.

❖ **Disarmonie psico-emotive** rende più stabili, più centrati e concreti; promuove una mentalità pragmatica e realista, pertanto è consigliabile in soggetti confusi, poco precisi, distratti, ossessionati da preoccupazioni varie, che rimuginano sempre sulle stesse cose.

❖ **Chakra** cristallo consigliato per il 3°, talvolta anche il 5°. Particolarmente indicato per il doppio chakra minore della milza-pancreas.

Quarzo ialino

❖ **Disturbi fisici** consigliabile in tutti i disturbi dello stomaco e della digestione, qualunque ne sia l'origine (acidità, gastrite, vomito, nausea, ulcera). Favorisce la corretta assimilazione degli alimenti e crea una protezione nel caso di intolleranze alimentari.

❖ **Disarmonie psico-emotive** aiuta ad accettare cose, persone e situazioni e ad assumere un atteggiamento più rilassato rispetto a obblighi o impegni giudicati sgradevoli. Favorisce l'instaurarsi di un sentimento di tenacia, in modo che si possa lavorare più serenamente per risolvere i problemi.

❖ **Chakra** lavora sul 3°. Importante anche per trattare il chakra minore dello stomaco e quello del plesso solare.

Quarzo ialino con tormalina nera

❖ **Disturbi fisici** indicato nei disturbi digestivi, per agire sullo stomaco e sulla vescicola biliare. Utile in presenza di avvelenamenti e intolleranze alimentari. Esplica un effetto depurativo generico, per eliminare tossine dall'organismo.

❖ **Disarmonie psico-emotive** spinge ad accettare i problemi e le situazioni difficili ricercando le possibili soluzioni senza arrabbiarsi. Consigliabile in persone che tendono a ingoiare controvoglia le circostanze sgradevoli e non sanno reagire in maniera equilibrata.

❖ **Chakra** indicato per il 3°. Si utilizza talvolta anche su tutti gli altri chakra, maggiori e minori, per un'azione di pulizia, ed è particolarmente utile per il chakra minore del fegato.

Quarzo occhio di falco

❖ **Disturbi fisici** si addice a chi ha problemi di vista (disturbi oculari di vario tipo) e di fegato.

❖ **Disarmonie psico-emotive** per vedere meglio cose, persone e situazioni: amplia la percezione e induce ad accorgersi anche dei dettagli. Utile in soggetti caratterizzati da una visione ristretta dell'esistenza, in coloro che, non comprendendo bene le reali motivazioni proprie e altrui, non riescono a comportarsi adeguatamente né a prendere consapevolezza.

❖ **Chakra** agisce sul 6°, oltre che sui chakra minori degli occhi.

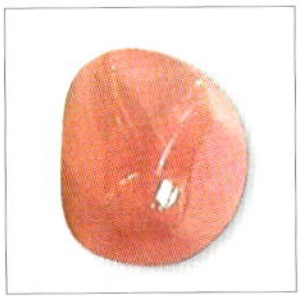

Quarzo rosa

❖ **Disturbi fisici** problemi respiratori, infezioni polmonari, angina pectoris, tachicardia.

❖ **Disarmonie psico-emotive** cura le pene affettive, le delusioni d'amore, le forme depressive legate a dispiaceri nei rapporti interpersonali. Esplica un effetto consolatorio e spinge a essere generosi e aperti verso il prossimo. Aiuta lo scambio con gli altri e promuove l'espressione delle proprie potenzialità, soprattutto in ambiti come l'affettività e la comunicazione.

❖ **Chakra** indicato per il 4° e il 5°. Chakra minori: timo, seni, sterno.

Quarzo rutilato

❖ **Disturbi fisici** stimola la rigenerazione di cellule e tessuti: può essere utile in presenza di dermatiti, piaghe, ulcerazioni, ferite, micosi. Talvolta agisce anche sulle varici.

❖ **Disarmonie psico-emotive** favorisce l'autostima, la sicurezza e la fiducia in se stessi. Accresce il potere personale. Stimola il sistema immunitario e rafforza le difese dell'organismo.

❖ **Chakra** si rivolge al 3°, ma può essere impiegato per trattare anche i chakra minori di fegato, stomaco, plesso solare e milza-pancreas.

Rodocrosite

❖ **Disturbi fisici** rimedio d'eccellenza in molte patologie degenerative e autoimmuni.

❖ **Disarmonie psico-emotive** è il cristallo della gioia di vivere, dell'allegria e del buonumore; come tale è indicato in soggetti cupi, depressi, soprattutto riguardo all'amore e agli affetti. Consigliabile anche a chi è privo di gioia nella vita in generale e a coloro che non riescono a esprimere slancio verso qualcosa: può trattarsi non solo di passioni relative all'amore e alle relazioni di coppia, ma anche dell'interesse per un'attività qualsiasi, per un hobby. La rodocrosite è infine la pietra giusta per chi è carente di amore per se stesso.

❖ **Chakra** cristallo molto importante per armonizzare il 4° chakra anteriore e posteriore, e per intervenire sui centri minori dei seni, del timo e dello sterno nel punto di congiunzione delle clavicole.

Rodonite

❖ **Disturbi fisici** rimedio generico da utilizzare nel caso di infezioni e altre patologie dell'apparato genitale, nonché nelle affezioni cardiovascolari.

❖ **Disarmonie psico-emotive** fa emergere dall'inconscio problemi e conflitti irrisolti legati all'amore, ai sentimenti, alla sfera affettiva. Utile per indagare e sbloccare traumi affettivi di vario tipo.

❖ **Chakra** cristallo adatto al 4° e al 6°. Agisce anche sui chakra minori dei seni, del timo e degli occhi. Nel caso di disarmonie sessuali collegate a conflitti affettivi la rodonite può essere la pietra appropriata da applicare sui vortici minori di testicoli/ovaie.

Rubino

❖ **Disturbi fisici** il rubino regola la pressione sanguigna, sia nel caso di iper che di ipotensione. Agisce positivamente sulle ghiandole surrenali e sulla circolazione del sangue in genere.

❖ **Disarmonie psico-emotive** genera slancio e dinamismo, rende impulsivi e passionali in amore. Spinge a essere attivi, vigili e dinamici, aiuta a combattere l'apatia e la passività; armonizza comunque anche l'eccesso di dinamismo e di impulsività, esercitando azione calmante in persone troppo focose. Stimola la sessualità.

❖ **Chakra** agisce sul 1° e sul 4°. In persone freddolose, caratterizzate da scarsa energia psicofisica, il rubino può dare benefici se applicato anche sui chakra minori dei piedi e delle ginocchia.

Sodalite

❖ **Disturbi fisici** di grande aiuto per vari disturbi dell'apparato respiratorio (particolarmente in presenza di muco: per esempio sinusite, raffreddore, catarro).

❖ **Disarmonie psico-emotive** aiuta a esprimere meglio le proprie convinzioni e le proprie verità. Permette di esaminare e riconoscere quegli aspetti di sé che si vorrebbero tenere nascosti, soprattutto in relazione alla creatività.

❖ **Chakra** da applicare sul 5° e sul 6°, inoltre sul vortice minore dello sterno, sugli occhi e sulle orecchie.

Tormalina nera

❖ **Disturbi fisici** infezioni di vario genere, intossicazioni del sangue e del sistema linfatico.

❖ **Disarmonie psico-emotive** utile per eliminare le cose vecchie, per staccarsi da situazioni, da persone o da stili di vita non più appropriati e che possono dunque creare danni o indurre tristezze e difficoltà. Come pietra di protezione può talvolta essere indicata per schermarsi da vibrazioni negative.

❖ **Chakra** agisce su tutti i chakra, maggiori e minori.

Tormalina verde

❖ **Disturbi fisici** regola la cistifellea e le vie biliari.

❖ **Disarmonie psico-emotive** induce ad agire nel momento giusto e a prendere decisioni opportune. Mitiga l'aggressività e la rabbia represse, aiutando la persona a esprimere tali sentimenti con modalità costruttive.

❖ **Chakra** agisce sul 3° e sul 4°. Indicata per il chakra minore del fegato.

CRISTALLI DI BASE PER I CHAKRA

Per trattare i chakra principali 8 cristalli in particolare sono adatti genericamente a tutte le persone: questi rimedi agiscono in misura maggiore o minore su disarmonie di vario tipo, e si prestano a riequilibrare i vortici anteriori e posteriori. Per problemi specifici e per andare in profondità sarà necessario individuare, caso per caso e persona per persona, i cristalli più appropriati.

1° CHAKRA: rubino.
2° CHAKRA: aragonite arancione.
3° CHAKRA: quarzo rutilato.
4° CHAKRA: malachite e quarzo rosa.
5° CHAKRA: lapislazzuli.
6° CHAKRA: fluorite policroma.
7° CHAKRA: quarzo ametista.

Profilo terapeutico di 30 oli essenziali

Una scelta degli oli essenziali maggiormente utilizzati in aromaterapia, con la spiegazione delle loro virtù sottili, i vortici energetici su cui lavorano e altre informazioni per comprenderne il potenziale intrinseco.

Albero del tè

Melaleuca alternifolia **NOTA DI BASE**

❖ **Disturbi fisici** esercita un'azione potente contro batteri, funghi, virus; stimola il sistema immunitario. È di facile uso in caso di punture d'insetti, tagli, escoriazioni e foruncoli: applicare 1-2 gocce direttamente sulla pelle, senza diluirlo.

❖ **Disarmornie psico-emotive** aiuta a proteggersi dalle energie negative e dal cattivo influsso dei pensieri altrui.

❖ **Proprietà** fortifica e rinvigorisce, rendendo più perseveranti e battaglieri. Assicura la vitalità necessaria per superare i problemi della vita quotidiana. Indicato nell'affaticamento mentale.

❖ **Chakra** lavora sul 2° e sul 6° chakra.

Anice

Pimpinella anisum **NOTA DI CUORE**

❖ **Disturbi fisici** aiuta la digestione e si rivela utile nei problemi di stomaco.

❖ **Disarmornie psico-emotive** scarsa memoria, difficoltà di concentrazione, paure represse, sonno agitato.

❖ **Proprietà** facilita l'elaborazione di sentimenti di cui non si è consa-

pevoli: vengono ampliate da questa essenza la visione interiore e l'introspezione. Esplica azione rilassante e promuove la lucidità di pensiero.
❖ **Chakra** agisce sulle disarmonie del 6° chakra.

Benzoino

Styrax benzoin **NOTA DI BASE**

❖ **Disturbi fisici** essenza antisettica, espettorante e antinfiammatoria, adatta alle infezioni delle vie respiratorie. Diluita in olio vettore può essere applicata sulla pelle nel caso di ferite, screpolature e tagli, inoltre è un buon rimedio contro acne, eczemi e geloni.

❖ **Disarmonie psico-emotive** scaccia l'astio e il rancore.

❖ **Proprietà** poiché in alcuni soggetti può indurre una sensazione di euforia, lo si usa per sciogliere i blocchi emozionali. Dona fiducia, sicurezza, determinazione e perseveranza.

❖ **Chakra** agisce sul 5° chakra ma, essendo un olio yang, è adatto anche al 1° vortice, sul quale esplica un effetto fortemente energizzante, aumentando la vitalità e il rendimento muscolare.

Bergamotto

Citrus bergamia **NOTA DI TESTA**

❖ **Disturbi fisici** agisce su ipotalamo e milza-pancreas.

❖ **Disarmonie psico-emotive** nevrosi, depressioni, ansia.

❖ **Proprietà** se lo si impiega nel diffusore per aromi prima di coricarsi favorisce una buona qualità del sonno allontanando sogni sgradevoli. Incoraggia la fiducia in se stessi e fa riemergere la vitalità soffocata.

❖ **Chakra** adatto a correggere le disarmonie del 3° chakra, può essere usato anche sul 4° e sul 5°. Come calmante, su qualunque vortice in cui sia presente confusione o agitazione.

Cannella foglie

Cinnamonum zeylanicum **NOTA DI BASE**

❖ **Disturbi fisici** stimola il cuore e la circolazione.

❖ **Disarmonie psico-emotive** risveglia i soggetti indecisi e quelli pigri.

❖ **Proprietà** è un'essenza decisamente yang: possiede un'energia divampante che riscalda il cuore nei momenti di gelo, sconfigge la solitudine, risveglia il desiderio e il vigore sessuale. Agisce come antifreddo e promuove la volitività. Essenso un olio legato a Marte è anche adatto a soggetti troppo yang, aggressivi, dispotici o eccessivamente mascolini, in quanto tende a equilibrare l'energia yang in eccesso.

❖ **Chakra** la sua azione si rivolge principalmente al 1° chakra.

Cipresso

Cupressus sempervirens **NOTA DI BASE**

❖ **Disturbi fisici** ottimo per le emorragie in genere, in quanto è un vasocostrittore e un rinforzante delle vene. È indicato anche nel caso di cisti ovariche e in alcuni problemi ormonali femminili nel periodo della menopausa.

❖ **Disarmornie psico-emotive** utile nei casi di stanchezza nervosa e sessuale, agisce reintegrando le energie vitali. Può essere usato nel diffusore in caso di dispiaceri che inducono pianti e sospiri.

❖ **Proprietà** si utilizza per favorire la concentrazione necessaria al raggiungimento degli obiettivi più alti. L'aroma del cipresso può trasmetterci insegnamenti riguardo ai concetti di "morte e trasformazione", e può essere impiegato in soggetti che hanno un rapporto non sereno con l'idea della morte.

❖ **Chakra** agisce sugli squilibri del 2°, 4° e 5° chakra.

Eucalipto

Eucalyptus citriodora e globulus **NOTA DI TESTA**

❖ **Disturbi fisici** il *citriodora* lavora a livello sottile, il *globulus* a livello fisico: entrambi agiscono su tosse, raffreddore e disturbi respiratori.

❖ **Disarmonie psico-emotive** calma chi cade facile preda dell'eccitazione. Favorisce l'apprendimento. È di aiuto in caso di difficoltà di concentrazione e mancanza di interesse nel lavoro creativo.

❖ **Proprietà** facilita la comunicazione e l'espressione. Può essere usato per ripulire energeticamente luoghi in cui sono avvenuti conflitti, litigi, scontri fisici, o in cui siano presenti energie negative.

❖ **Chakra** è efficace sul 5° chakra.

Finocchio dolce

Foeniculum vulgare **NOTA DI CUORE-TESTA**

❖ **Disturbi fisici** agisce sui problemi del colon e regolarizza il sistema neurovegetativo. Una goccia massaggiata direttamente sulle tempie calma il mal di testa.

❖ **Disarmonie psico-emotive** stress, scoraggiamento, mancanza di gioia.

❖ **Proprietà** stimola la visione chiara delle situazioni. Se usato nel diffusore allevia le conseguenze degli eccessi di alcol e fumo. Dona la forza d'animo necessaria per seguire la strada scelta nella vita. È un protettivo rispetto all'aggressività derivante dalle frustrazioni di chi ci circonda.

❖ **Chakra** per riequilibrare il 2° e il 5° chakra.

Garofano chiodi

Syzigium aromaticum **NOTA DI BASE**

❖ **Disturbi fisici** riequilibra i reni e la milza; adatto agli asmatici, è efficace anche nei disturbi intestinali.

❖ **Disarmonie psico-emotive** per chi non ha il coraggio di immergersi nel flusso delle esperienze quotidiane.

❖ **Proprietà** può avere implicazioni afrodisiache, in quanto induce ad abbassare le barriere razionali. Corroborante e antidepressivo, risveglia la voglia di credere e di fare.

❖ **Chakra** lavora sul 3° chakra; negli asmatici conviene associarlo a un'essenza che agisca sul 5° vortice. La sua azione si esplica anche sul terzo occhio: favorisce la concentrazione e la sensibilità intuitiva.

Incenso

Boswelia carterii **NOTA DI BASE**

❖ **Disturbi fisici** infezioni cutanee, deficit immunitario.

❖ **Disarmonie psico-emotive** aiuta a recidere i vincoli che ci ancorano al passato, specialmente quando sono di ostacolo per l'evoluzione: a questo proposito è da usare per lavare via ogni vecchio legame che viene sentito come freno o intralcio.

❖ **Proprietà** favorisce l'elevazione, trasportandoci oltre le ansie e le preoccupazioni quotidiane per mostrarcele dall'alto e insegnarci a sorriderne. Ha la proprietà di rallentare il respiro per la meditazione.

❖ **Chakra** si usa sul 7° chakra, o nel diffusore per la meditazione.

Lavanda

Lavandula hybrida **NOTA DI CUORE**

❖ **Disturbi fisici** per il battito cardiaco alterato da aritmie e tachicardie. È antisettico e analgesico.

❖ **Disarmonie psico-emotive** è indicato in caso di angoscia, depressione, pensieri ricorrenti, paure di vario tipo, insonnia e sofferenze affettive.

❖ **Proprietà** dona equilibrio, calma e chiarezza a chi tende a estremizzare le emozioni. Si usa per purificare gli ambienti.

❖ **Chakra** può giovare a tutti i chakra per la sua azione sedativa e armonizzante. Particolarmente adatto alle disarmonie del 3° e del 4° chakra, lo si usa spesso anche sul vortice della corona.

Legno di rosa

Aniba rosaeodora **NOTA DI BASE-CUORE**

❖ **Disturbi fisici** stimola il sistema immunitario; si usa per curare le imperfezioni della pelle e i capelli secchi.

❖ **Disarmonie psico-emotive** utile per la paura da stress, l'ansia di anticipazione, il timore causato dall'attesa di un evento futuro.

❖ **Proprietà** adatto alla meditazione e alle attività spirituali. Esplica azione calmante – senza indurre sonnolenza – nei soggetti ansiosi e in coloro che sono disturbati dalle atmosfere negative di luoghi e ambienti.

❖ **Chakra** agisce sul 1° e sul 7° chakra.

Limone

Citrus limon **NOTA DI TESTA**

❖ **Disturbi fisici** tonifica i muscoli e la milza-pancreas.

❖ **Disarmonie psico-emotive** stress, stanchezza, apatia.

❖ **Proprietà** usato nel massaggio è particolarmente adatto agli sportivi. Valido per combattere gli errori di distrazione, le sviste nel lavoro mentale. Agisce rafforzando l'attenzione, armonizzando e amplificando la componente razionale della mente e tenendo a freno la parte emozionale.

❖ **Chakra** si usa sul 3° e 6°, anche per migliorare le prestazioni psicofisiche.

Maggiorana

Origanum majorana **NOTA DI BASE-CUORE**

❖ **Disturbi fisici** ipertensione, reumatismi, spasmi dell'apparato digerente.

❖ **Disarmonie psico-emotive** utile nei lutti, aiuta anche coloro che soffrono per la rottura di un amore.

❖ **Proprietà** è un'essenza anafrodisiaca, cioè diminuisce il desiderio sessuale. L'uso prolungato ha un effetto di freno e di contenimento delle emozioni. Favorisce il riposo e il rilassamento. Il suo aroma balsamico smussa gli atteggiamenti impulsivi e invita a considerazioni più ampie.

❖ **Chakra** agisce sul 4° chakra.

Mandarino rosso

Citrus nobilis **NOTA DI TESTA**

❖ **Disturbi fisici** Problemi digestivi, flatulenza, eretismo cardiovascolare, stipsi, cicatrici, smagliature, ritenzione idrica, obesità.

❖ **Disarmonie psico-emotive** la fragranza di quest'olio trasmette un messaggio di allegria e giocosità: aiuta a sdrammatizzare e a vivere in modo semplice e sereno. Può servire per migliorare il lavoro di gruppo, in quanto limita la competitività e allarga gli orizzonti personali permettendo di accogliere le idee altrui.

❖ **Proprietà** è un'essenza rilassante e calmante, indicata contro ansia, nervosismo e stress, nei momenti di crisi o cambiamento.

❖ **Chakra** agisce sul 3°. Consigliabile anche per i chakra minori di stomaco, plesso solare e milza-pancreas.

Menta piperita

Mentha piperita **NOTA DI CUORE-TESTA**

❖ **Disturbi fisici** contro mal d'auto, di mare e d'aereo. Stimola l'appetito, favorisce la digestione, aiuta la guarigione delle ulcere, è indicato per la voce e per le nevralgie dentarie.

❖ **Disarmonie psico-emotive** attenua l'orgoglio esagerato; aiuta a superare i complessi d'inferiorità, poiché le persone molto orgogliose nascondono spesso un forte senso d'inferiorità.

❖ **Proprietà** stimola la logica e rende chiari i pensieri; induce all'ottimismo e alla buona disposizione d'animo nei confronti degli altri.

❖ **Chakra** lavora sul 3° e sul 6° chakra .

Mirra

Commiphora molmol **NOTA DI BASE**

❖ **Disturbi fisici** è utile contro la ritenzione idrica e nelle irregolarità mestruali.

❖ **Disarmonie psico-emotive** aiuta a vincere la paura della morte e il dolore della separazione. Adatto a chi si sente bloccato emotivamente o spiritualmente. Placa le tensioni sessuali.

❖ **Proprietà** armonizza il livello fisico con i livelli superiori. Rende umili e devoti, ha un potente effetto purificante e dona forza e calma interiore.

❖ **Chakra** rafforza il 1°, ma si rivolge anche al vortice della corona.

Mirto

Myrtus communis **NOTA DI CUORE**

❖ **Disturbi fisici** possiede proprietà astringenti che lo rendono efficace nelle patologie della pelle; inoltre agisce sui reni, sui capelli e nelle affezioni genitourinarie.

❖ **Disarmonie psico-emotive** utile agli ipocondriaci e a coloro che hanno difficoltà a valorizzare la propria bellezza, sia interiore che esteriore.

❖ **Proprietà** pianta di Venere, amplifica il senso della bellezza universale e dell'armonia nei rapporti con gli altri. Come simbolo di amore e pace calma le sofferenze affettive. Stimola la creatività artistica.

❖ **Chakra** agisce sui vortici 4° e 5°.

Muschio di quercia

Evernia prunastri **NOTA DI BASE**

❖ **Disturbi fisici** problemi respiratori e polmonari: asma, bronchite, tosse. Da tenere in considerazione negli squilibri sessuali e nei disturbi del sonno.

❖ **Disarmonie psico-emotive** è una fragranza ancestrale indicata per lavorare sul passato: facilita la presa di coscienza dei problemi passati ancora irrisolti e di tutte quelle situazioni che, pur sembrando dimenticate, continuano a gravare sul presente. Ottimo nelle terapie di regressione all'infanzia o in vite precedenti, e in tutti i casi in cui si debba tornare alle origini di qualcosa. Il muschio di quercia diminuisce la sensibilità al tempo che scorre, ampliando i termini di paragone temporale, cosicché le abitudini e i condizionamenti vengono rimessi in discussione.

❖ **Proprietà** afrodisiaco, stabilizzante e radicante, aiuta a ritrovare il proprio centro interiore. Armonizza il piano istintivo dell'individuo con le emozioni, la ragione e la riflessione.

❖ **Chakra** agisce sul 1°. Per applicazioni e massaggi sulle piante dei piedi (chakra minori), sulle gambe e le ginocchia.

Nardo

Nardostachys jatamansi **NOTA DI BASE-CUORE**

❖ **Disturbi fisici** indicato nelle forme allergiche, negli esantemi, negli stati influenzali e febbrili. Come cosmetico in caso di pelle secca e danneggiata.

❖ **Disarmonie psico-emotive** può essere paragonato a un anestetico psichico, in quanto la sua vibrazione concede una pausa per riprendere fiato. Intensifica i sentimenti di devozione verso tutto ciò che è divino o verso un maestro spirituale, porta in sé lo spirito della generosità ed è utile nei casi di agitazione, ansia, insonnia. L'olio essenziale di nardo chiarifica la visione di cose e situazioni e infonde una serenità interiore che rimane inalterata.

❖ **Proprietà** esplica proprietà tranquillanti ed esercita azione lenitiva sulle grandi tribolazioni emotive e mentali.

❖ **Chakra** adatto al 6° e al 7°, è utile anche per il chakra del fegato.

Patchouli

Pogostemon cablin **NOTA DI BASE**

❖ **Disturbi fisici** è un potente disinfettante del cavo orale e vaginale, sedativo delle infiammazioni. Cura i problemi di pelle (seborrea, acne, dermatosi, allergie).

❖ **Disarmonie psico-emotive** per le sue proprietà afrodisiache è utile a coloro che sono riluttanti ad accettare la propria sessualità perché spostano tutto l'interesse sulla spiritualità. Adatto ai sognatori, o alle persone che non si sentono a loro agio nel corpo fisico.

❖ **Proprietà** induce a vivere in maniera più libera e trasgressiva. Aiuta ad accettare il corpo fisico lasciando da parte il turbinare della mente.

❖ **Chakra** rafforza il 1° e il 2° vortice.

Pino silvestre

Pinus sylvestris **NOTA DI BASE**

❖ **Disturbi fisici** agisce sulle ghiandole surrenali. È utilizzato come antireumatico e antisettico delle vie respiratorie e delle vie urinarie.

❖ **Disarmonie psico-emotive** riequilibra i soggetti arroganti e prepotenti e le persone soggette a esaurimento. Essenza eminentemente maschile, corrobora la forza fisica e aiuta l'uomo a liberarsi dalle insicurezze legate alla virilità: come tale, è da considerarsi un rimedio per l'impotenza sessuale.

❖ **Proprietà** purifica e rinvigorisce; governa la voglia di vivere, il coraggio e la tenacia; aiuta a ridimensionare i problemi.
❖ **Chakra** agisce sul 2° centro energetico.

Rosa

Rosa damascena **NOTA DI CUORE**

❖ **Disturbi fisici** ottimo per curare la pelle secca, senescente, le rughe e la couperose; riequilibrando la produzione ormonale femminile, apporta benefici anche in menopausa.
❖ **Disarmonie psico-emotive** agisce sulla malinconia sciogliendo i nodi che impediscono il sorriso. Si utilizza per i traumi affettivi antichi, per le ferite amorose non ancora superate.
❖ **Proprietà** è una fragranza dal carattere sacro e sensuale insieme: come tale, è capace di portare la concordia in qualunque ambiente.
❖ **Chakra** si usa sul 4° chakra poiché lenisce le delusioni sentimentali. Se applicato sul 2° vortice può favorire il concepimento, stimolare la sessualità con una componente di spiritualità e promuovere la creatività artistica. Il massaggio sul plesso sacrale è utile durante la gravidanza.

Rosmarino

Rosmarinus officinalis **NOTA DI TESTA**

❖ **Disturbi fisici** stimola il flusso del sangue e la muscolatura. È adatto alle ore della mattina (in serata può causare insonnia). Rigeneratore del fegato e della cistifellea, è indicato nell'arteriosclerosi, in certe diarree, negli stati di esaurimento.
❖ **Disarmonie psico-emotive** scarsa lucidità, propensione a illudersi.
❖ **Proprietà** lavora sulla consapevolezza di sé e del proprio corpo nella sfera sessuale. In certi soggetti può sviluppare doti latenti di sensitività.
❖ **Chakra** penetrando nel 1° chakra purifica i flussi di energia infonden-

do un vigore fresco e solare. Adatto al 6° chakra, in quanto favorisce l'attività mentale e ci fa vedere chiaramente le sfumature della realtà.

Salvia

Salvia officinalis **NOTA DI CUORE**

❖ **Disturbi fisici** può avere effetti armonizzanti della tiroide e dell'apparato genitale femminile; si usa in menopausa per agire sulle vampate di calore e sugli squilibri ormonali.

❖ **Disarmonie psico-emotive** particolarmente indicato per le donne, dona intraprendenza, euforia e sensualità. Utile per le persone che mancano di fantasia, ispirazione e capacità di ascolto.

❖ **Proprietà** è uno degli oli adatti agli artisti e a coloro che desiderano ricominciare a vivere con allegria dopo un periodo grigio. Promuove la saggezza e favorisce l'attività onirica: si potrebbe usare prima di coricarsi per avere, in sogno, un suggerimento per risolvere un problema.

❖ **Chakra** agisce sul 2° e sul 5° chakra.

Sandalo legno

Santalum album **NOTA DI BASE**

❖ **Disturbi fisici** problemi dell'apparato genitale maschile: infiammazioni di vescica, ureteri e prostata.

❖ **Disarmonie psico-emotive** aggressività, istinti violenti, esasperazione, energia sessuale bloccata, disturbi sessuali legati a depressione.

❖ **Proprietà** sebbene il sandalo legno sia considerato da sempre un segnale potente e preciso dell'eros maschile, esso emana una forza morbida e calda che avvolge uomini e donne con uguali benefici. Agisce equilibrando la sessualità con la spiritualità, promuovendo l'integrazione del sacro con il profano: non è dunque un afrodisiaco diretto, in quanto la sua azione è prevalentemente di tipo meditativo e rivolta verso l'interiorità. Sul piano della sessualità crea un collegamento con le esigenze primarie di ciascuno di noi spingendoci a riconoscerle, accettarle ed esprimerle. Si rivolge anche a tutti quei soggetti che tendono a vivere la sessualità in modo superficiale. Placa la parte razionale della mente.

❖ **Chakra** oltre che sul 2° chakra può essere usato sul 1° e sul 7°.

Timo rosso

Thymus vulgaris **NOTA DI BASE**

❖ **Disturbi fisici** stimola il sistema immunitario, agisce contro influenza e raffreddore e sulle punture di insetti.

❖ **Disarmonie psico-emotive** paure, timidezza. Può aiutare coloro che tendono a sognare, a vivere distaccati o immersi nella dimensione spirituale a svantaggio del loro compito nella vita di ogni giorno.

❖ **Proprietà** stimolando l'emisfero sinistro del cervello l'aroma agisce sulla coscienza e sulla razionalità, intensificando le capacità di sintesi e deduzione. Si tenga presente quest'olio nelle circostanze in cui venga richiesta una forte lucidità. I soggetti che tornano alla routine quotidiana dopo una lunga assenza o dopo un periodo di ricerca spirituale riceveranno dal timo rosso la spinta necessaria per superare il momento di transizione. Anche nel caso di lavori pratici, manuali, che non richiedano estro e inventiva ma capacità logiche, quest'olio può dare il suo contributo.

❖ **Chakra** agisce sul 6° chakra.

Vetiver

Vetiveria zizanoides **NOTA DI BASE**

❖ **Disturbi fisici** insufficienza epatica,alterazioni della glicemia, problemi mestruali.

❖ **Disarmonie psico-emotive** il vetiver ci collega all'energia femminile della Terra, pertanto si usa quando si è perso il contatto con la propria emotività. Utile per chi è poco ancorato alla realtà.
❖ **Proprietà** le radici di questa pianta si spingono molto in profondità: l'aroma conferisce quindi "radici" profonde e resistenti a chi intende cambiare la propria vita. Dà solidità e concretezza con una nota di disponibilità. Sblocca le emozioni e i sentimenti negati.
❖ **Chakra** agisce sul 1° e sul 3° vortice, anche come protettore psichico in caso di ipersensibilità.

Ylang-Ylang

Cananga odorata **NOTA DI CUORE**

❖ **Disturbi fisici** utile nell'ipertensione; cura la caduta dei capelli, le unghie fragili e le infezioni intestinali.
❖ **Disarmonie psico-emotive** collera, frustrazione, introversione, mancanza di disponibilità, scarsa autostima.
❖ **Proprietà** è un'essenza molto femminile, che insegna ad amare il proprio corpo liberando la dolcezza delle emozioni. Ha un effetto afrodisiaco, stimola la sensibilità, promuove l'attenzione verso gli altri.
❖ **Chakra** è un olio maggiormente adatto alle donne con problemi relativi al 2° chakra, piuttosto che agli uomini: può essere impiegato infatti con successo per trattare problemi di frigidità.

Zenzero

Zingiber officinale **NOTA DI BASE-CUORE**

❖ **Disturbi fisici** usato nel massaggio scioglie i crampi, gli indolenzimenti muscolari. Lo zenzero è un drenante delle tossine accumulate. Adatto a chi soffre di debolezza di stomaco, combatte l'aerofagia e le indigestioni. Secondo la medicina tradizionale cinese è un generatore di calore, quindi riduce tutte le manifestazioni yin del corpo come sudorazione fredda, catarro, raffreddore, influenza, reumatismi.

❖ **Disarmonie psico-emotive** rigidità, blocchi a livello emozionale, freddezza di carattere.

❖ **Proprietà** riscalda le persone troppo yin ridando loro vitalità. È uno stimolante sessuale adatto a uomini e donne. Cura gli stati di indurimento psichico, ripristina il flusso delle emozioni e può essere di aiuto, come essenza schermante, per coloro che tendono ad assorbire i malesseri altrui.

❖ **Chakra** agisce sul 3° chakra.

OLI ESSENZIALI DI BASE PER I CHAKRA

Come già detto per i cristalli, questi sette oli essenziali, individuati mediante radiestesia e test kinesiologici, agiscono in qualche misura su tutte le persone: sarebbero dunque da comprare per primi.

1° chakra: muschio di quercia.
2° chakra: vetiver.
3° chakra: mandarino rosso.
4° chakra: lavanda.
5° chakra: mirto.
6° chakra: nardo.
7° chakra: sandalo legno.

REFERENZE FOTOGRAFICHE

Tutte le immagini appartengono all'Archivio Giunti a eccezione di:

Corbis: © P. Broze/Onoky, 45.

Fotolia: © yasnaten, 1; © appujee (cornice), 3; © adrenalinapura, 3, 35; © o_apri, 4; © Maygutyak, 7; © Václav Hroch, 27; © Kathrin39, 53; © Claus Mikosch, 73; © Guillaume DURIS, 85; © Stefan Körber, 95; © christian rycx, 115; © yonibunga, 117; © grimplet, 125; © petrabarz, 126.

Marka: © roberto benzi, 57.

Shutterstock: 103, © Kzenon, 65; © GTeam, 93; © Shebeko, 123.

Wikimedia commons: © H. Zell, 112; © J.M.Garg, 124; © Bordy Nathalie, 126.

Tutti i disegni appartengono all'Archivio Giunti a eccezione di:
Archivio Giunti/Martina Girardi, 9, 11-15, 20, 22, 24, 28, 31, 33, 37, 40.
Archivio Giunti/Diego Luci, 49.
Archivio Giunti/Maria Laura Peruzzi, 81 tratto da *Il grande libro dei Fiori di Bach* di Fabio Nocentini e Maria Laura Peruzzi, Giunti 2004.

L'editore si dichiara disponibile a regolare eventuali spettanze per quelle immagini di cui non sia stato possibile reperire la fonte.